本书是2013年国家社科基金青年项目"图书馆为阅读困难群体服务的对策研究"(课题批准号:13CTQ014)的研究成果

图书馆为阅读困难群体服务的对策研究

王 政 洪伟达 著

知识产权出版社
全国百佳图书出版单位

图书在版编目（CIP）数据

图书馆为阅读困难群体服务的对策研究 / 王政, 洪伟达著. -- 北京：知识产权出版社，2018.11

ISBN 978-7-5130-5845-2

Ⅰ.①图… Ⅱ.①王… ②洪… Ⅲ.①图书馆服务－研究 Ⅳ.①G252

中国版本图书馆CIP数据核字（2018）第214240号

内容提要

本书一方面对阅读、阅读权利、阅读困难进行概念梳理，剖析阅读困难群体的阅读需求与行为特点、致因与影响因素，从文化和社会的角度对阅读困难群体进行全面调查与深入研究；另一方面，以阅读权利为理论基石，明确保障阅读困难群体的阅读权利是图书馆的神圣使命和践行图书馆社会责任的必然要求，提出具有群体针对性、差别性和可操作性的图书馆阅读困难群体服务的制度保障体系、服务保障措施与组织保障平台。本书可作为图书馆学教师、学生、专业研究人员及图书馆工作人员参考用书。

责任编辑：许　波　　　　　　　　　　　　责任印制：孙婷婷

图书馆为阅读困难群体服务的对策研究

TUSHUGUAN WEI YUEDUKUNNAN QUNTI FUWU DE DUICE YANJIU

王　政　洪伟达　著

出版发行：知识产权出版社 有限责任公司	网　　址：http://www.ipph.cn
	http://www.laichushu.com
电　　话：010－82004826	
社　　址：北京市海淀区气象路50号院	邮　　编：100081
责编电话：010－82000860转8380	责编邮箱：xubo@cnipr.com
发行电话：010－82000860转8101	发行传真：010－82000893
印　　刷：北京虎彩文化传播有限公司	经　　销：各大网上书店、新华书店及相关专业书店
开　　本：720mm×1000mm　1/16	印　　张：12.5
版　　次：2018年11月第1版	印　　次：2018年11月第1次印刷
字　　数：180千字	定　　价：42.00元

ISBN 978-7-5130-5845-2

目　　录

第一章　绪　论

　　阅读是一种生活信仰,是一剂精神良药,它作为人类获取知识、接受信息、传承文明的主要方式,深刻影响着人类文化的形成和发展。随着人类社会进入信息时代,如何通过阅读而更广泛、精准地获取信息并有效地利用信息,是当今社会成员所必须具备的竞争要素。然而,科技的发展和社会的进步对人类的阅读能力提出更高要求,通过阅读获取并转化信息的能力正逐渐成为区分和判断社会群体阶层的标志之一。尤其是在知识弱势群体普遍存在的当今社会,要解决社会大众阅读能力的问题,首先要解决弱势群体在阅读方面的困难[1]。阅读困难群体是阅读诉求无法满足、不具备正式读写能力及面临各类阅读障碍的人群,他们零散地分布于社会的各个角落,需要社会的普遍关注与人文关怀。对社会中阅读存在困难的群体进行研究,解决或缓解其阅读困难与障碍,不仅有利于提高这部分群体的生存能力与社会地位,为其在社会中生存发展提供可能,同时对社会和谐进步具有重要意义。图书馆(本书泛指公共图书馆)具有公益性,是社会公共文化服务机构,是政府为保障公民自由、平等地获取知识的制度安排和组织机构。图书馆为公众提供阅读服务是其使命所在,其固有的公共物品(public goods)属性及公共发展目标决定了其必将肩负起保障阅读困难群体阅读权利的基本职责和神圣使命。

---

[1] 胡美华,潘浩,张凤,译.[美]斯诺,布恩斯,格里芬.预防阅读困难:早期阅读教育策略[M].南京:南京师范大学出版社,2006.

一、国内外研究概况[1]

(一)国外研究概况

国外图书馆为阅读困难群体服务的相关研究大致可归纳为以下5个方面。

(1)关于阅读困难、阅读障碍等心理学视角的研究。具体包括阅读心理障碍、阅读心理需求、儿童阅读障碍症等。国外关于阅读心理障碍的研究已经有100多年的历史,内容涵盖诊断、行为特征、认知模式、发病机制、干预方法和特殊教育等方面,涉及图书馆学、阅读学、教育学、社会学、心理学等学科领域。笔者为调研国外阅读困难或阅读障碍相关的文献,以 ts=("read* difficult* "or dyslexi* or "learn* disorder* "or "read* disability" or "disabled reader*" or "read* comprehension impairment")为检索式,共检索出617篇相关文献。其中,加拿大艾伯塔大学(University of Alberta)教育心理学教授戴斯(Das J.P.)等人常年致力于阅读障碍研究,提出了基于PASS(计划Plan—注意Attention—同时Simutaneous process—继时Successive process)理论的阅读困难矫治方案,其译著《阅读障碍与阅读困难——给教师的解释》成为国内关于阅读困难研究的早期参考资料[2]。凯瑟琳·斯诺(Catherine E. Snow)等人通过深入研究儿童阅读心理与阅读困难的成因,提出帮助儿童排除阅读困难的方法[3]。马格瑞欧(Margarell)则从阅读障碍的心理机制入手,分析儿童阅读困难的致因,提出儿童的阅读障碍主要源于语音接受和处理方面存在缺陷,以致无法充分利用短时记忆的语音编码,因此在阅读

---

[1] 王政,洪伟达.图书馆为阅读困难群体群体服务研究[J].图书馆工作与研究,2014(11):92-95.

[2] [加]J.P.Das.阅读障碍与阅读困难[M].张厚粲,徐建平,孟祥芝译.北京:人民邮电出版社,2007.

[3] Catherine E.Snow, M.Susan Burns, Peg Griffin.Preventing Reading Difficulties in Young Children[M].Washington,DC: National Academy Press,1998.

过程中出现了语言、字形和语义的识别错误[1]。斯坦诺维奇(Keith E.Stanov-ich)认为,语音加工上的缺陷是阅读困难儿童的基本问题[2]。穆尔斯(Moores E)等人认为,与正常阅读者相比,发展性阅读障碍者周边视力的拥挤效应相对较小,但中心视力的拥挤效应相对较大;减少拥挤效应时,发展性阅读障碍者对阅读材料呈现的时间、字体大小、字符间距、临界间距(即获得最大速度时目标与干扰物之间的最小距离)、干扰刺激的数量等有更高的要求,更依赖线索,所以可以用反常的视觉拥挤效应解释阅读困难[3]。

(2)关于阅读疗法的研究。阅读疗法(Bibliotherapy)一词来源于希腊语,是图书(biblion)与治疗(pepatteid)的结合。约翰·高尔特(John Minson Galt)于1948年发表了第一篇关于阅读疗法的文章,他分析了病人的类型及其最适合的读物[4]。早期的阅读疗法研究一直被应用于医学领域,直到20世纪,有资格的、经过培训的图书馆员才在阅读疗法中发挥主要角色。英国的"阅读疗法之母"——韦尔瓦·帕亭顿(Wylva Partington)是位于卫尔温花园城的女王伊丽莎白二世医院的一名图书馆员,她毕生致力于阅读疗法的研究与倡导活动,推动了英国阅读疗法的理论研究与实践发展[5]。目前,针对儿童和病人的阅读疗法应用的成效较为显著,能够帮助这部分阅读困难群体通过宣泄和疏导阶段进入领悟和解决问题的状态,因此国外的阅读疗法研究成果主要出现在于医学、初级教育等领域,图书馆学对其的引入

---

[1] Margarell O.Shepherd, et al.Developmental Reading Disorder[R].Comprehensive Textbook of Psychiatry,1987.

[2] Siegel Linda S.Phonological Processing Deficits as the Basis of a Reading Disability[J].Developmental Review,1993(9):246-257.

[3] Moores E,Cassim R,Talcott J B.Adults with Dyslexia Exhibit Large Effects of Crowding,Increased Dependence on Cues,and Detrimental Effects of Distractoys in Visual Search Tasks[J].Neuropsychologia,2011,49:3881-3890.

[4] 王波.阅读疗法[M].北京:海洋出版社,2007.

[5] Birgitta Irvall,Gyda Skat Nielsen.Access to Libraries for Persons with Disabilities[R].IFLA Professional Reports,2005.

研究相对较少。南茜·德瓦尔德（Nancy H Dewald）提出基于Web的图书馆阅读指导方法，他认为基于Web的图书馆阅读指导方法包括激发学生的各种方法、模块的组织方式和人机对话层；Web上传统的指导方法提供许多简单的技术指导，不过在这个媒体中，图书馆员也发展了新的讲授方法❶。

（3）关于图书馆阅读困难群体服务的研究。国外现有研究成果中，学者们对于阅读困难群体的界定范围较窄，仅限于阅读障碍群体（即书面语言与口头语言转换过程中的能力缺失者）的研究。然而，无论是从国际图书馆协会和机构联合会（International Federation of Library Associations and Institutions，IFLA；国际图联）层面还是各国图书馆层面，都不同程度地提倡为包括视障人士、心理问题人士、肢体残疾者、阅读障碍症患者等特殊群体提供图书馆服务。美国国会图书馆委员会（National Library Service，NLS）根据美国《公共法案》（Public Law）第89条522款，对图书馆提供的数字有声读物内容、版权问题及可享受图书馆特殊服务的阅读困难群体范围做出了限定❷。据此，笔者检索了国外图书馆为阅读困难群体服务的案例研究，检索式1：ts=（"old people" or " the aged" or "elderly people" or "senior citizens" or "teenager*" or "juvenile"）and ti=librar* and su=（INFORMATION SCIENCE LIBRARY SCIENCE OR EDUCATION EDUCATIONAL RESEARCH）索引=SCI-EXPANDED，SSCI 时间跨度=1900-2013 与检索式2：ts=（"reading difficult* "or "learn* disorder* "or dyslexia or" disadvantaged group*" or" Vulnerable Group*" or disab* or handicapped or handicapped or peasant* or "disabled reader*"）and ti=librar* 索引=SCI-EXPANDED，SSCI 时间跨度=1900—2013，后将检索式1与检索式2合并，检出文献273篇。其中，波基塔（Birgitta Irvall）等人在IFLA报告中研究了如何为阅读困难等特殊群体提供图书馆资

❶ Nancy H Dewald.Web-Based Library Instruction:What is Good Pedagogy?［J］.Information Techenology and Libraries，1999（3）：26-31.

❷ NLS Factsheets；Talking Books and Reading Disabilities［EB/OL］.［2013-06-13］.http://www.loc.gov/ nls/reference/factsheets/readingdisabilities.html.

源、阅读辅助设备及如何培训图书馆员开展有针对性的服务等❶；瑞典的卡
尔斯塔德大学（瑞典语 Karlstads universitet）图书馆❷、索德脱恩大学（瑞典语
Södertörns högskola）图书馆❸均强调图书馆为阅读困难群体提供服务内容不
仅包括提供有声读物及相应的播放设备，还提供免费的文献下载、传递、复
印、阅读指导等服务。

　　（4）关于图书馆反社会排斥和促进社会包容的研究。英国文化传媒体
育部（Department for Culture，Media and Sport，DCMS）及博物馆、图书馆和档
案馆政务委员会发布了大量论述，主要是关于公共图书馆等公共文化机构
在消除社会排斥、促进社会和谐方面的作用，并认为公共图书馆需要成为
更具有前瞻性、干预性的公共机构，致力于知识平等、社会教育和社会公
正❹。最早关于社会包容的政策性文件是英国文化传媒体育部于1999年发
布的以公共图书馆为对象的《所有人的图书馆：公共图书馆社会包容政策》
（ *Libraries for All:Social Inclusion in Public Libraries* ）❺。随后，DCMS对社会包容
政策方针展开进一步研讨与扩展，如2000年推出《广泛而又效率：现代公
共图书馆标准》（ *Comprehensive and Efficient:Standards for Modern Public
Libraries* ）❻，2001年推出《广泛、效率与现代公共图书馆：图书馆评估与标准》

---

❶ Birgitta Irvall，Gyda Skat Nielsen.Access to Libraries for Persons with Disabilities［R］.IFLA Profes-
sional Reports，2005.

❷ Reading Difficulties［EB/OL］.［2013-04-13］.http://www.kau.se/en/library/new-visitors/ reading-
difficulties.

❸ Service for Reading and Writing Difficulties［EB/OL］.［2012-04-13］.http://webappo.web.sh.se/p3/
ext/ content.nsf/aget?openagent&key=service_for_reading_and_writing_difficulties_1313141738183.

❹ 王政，洪伟达.公共图书馆：社会包容还是社会排斥——穆德曼公共图书馆社会排斥项目评
介［J］.中国图书馆学报，2013（5）：122-130.

❺ Department for Culture，Media and Sport.Libraries for All: Social Inclusion in Public Libraries［R］.
London: DCMS，1999.

❻ Department for Culture，Media and Sport.Comprehensive and Efficient: Standards for Modern Public
Libraries: A Consultation Paper［R］.London: DCMS，2000.

（*Comprehensive , Efficient and Modern Public Libraries : Standards and Assessment*）❶。
上述文件都强调了公共图书馆要贯彻社会包容理念,列举了英国图书馆界
为达到此目的而进行的实践。此后,世界各国纷纷开展图书馆社会包容相
关研究,取得了丰硕的成果,如布里奥妮·波迪（Briony Birdi）、克里·威尔逊
（Kerry Wilson）和乔安妮·考克（Joanne Cocker）在《公共图书馆,排斥和同理:
一个文献综述》（*The Public Library, Exclusion and Empathy:A Literature Review*）
（2008）中对公共图书馆引入社会包容理念的形成与发展历史进行了梳
理❷;比勒陀利亚大学的艾纳·傅立叶（Ina Fourie）教授在《公共图书馆解决
社会包容:我们怎么认为……》（*Public Libraries Addressing Social Inclusion :
How We May Think*…）（2007）中论证了社会包容理念的重要价值及公共图书
馆如何将社会包容理念渗透到具体的服务实践中❸;韦比克（Vibeke Kallar）
和迈克尔（Mícheál Ó hAodha）在《对"非传统"图书馆用户社会包容的倡议》
（*Initiatives for the Social Inclusion of "Non - Traditional" Library Users*）（2005）中
探讨了爱尔兰利默里克大学（University of Limerick）基于社会包容理念的图
书馆服务创新❹。然而,在现有的国外图书馆社会包容研究成果中,最著名
的研究莫过于英国利兹城市大学（Leeds Metropolitan University）信息管理学
院穆德曼（Dave Muddiman）等人的"向所有人开放吗? 公共图书馆与社会排
斥"（*Open to All?The Public Library and Social Exclusion*）课题项目研究❺。该项

---

❶ Department for Culture , Media and Sport. Comprehensive , Efficient and Modern Public Libraries:
Standards and Assessment［R］.London : DCMS , 2001.

❷ Briony Birdi , Kerry Wilson , Joanne Cocker.The Public Library , Exclusion and Empathy : A Litera-
ture Review［J］.Library Review , 2008（8）: 576-592.

❸ Prof Ina Fourie.Public Libraries Addressing Social Inclusion: How We May Think…［EB/OL］.［2011-
10-26］.http://repository.up.ac.za/bitstream/handle/2263/3542/fourie_theoretical（2007）.pdf?sequence=1.

❹ Vibeke Kallar , Mícheál Ó hAodha.Initiatives for the Social Inclusion of "Non-Traditional" Library
Users［EB/OL］.［2011-10-26］.http://www.ifla.org/files/assets/lsn/newsletters/61.pdf.

❺ 蒋永福.社会包容:现代公共图书馆的使命［J］.中国图书馆学报,2009（6）:4-9,55.

目的系列研究成果从不同角度论证了公共图书馆社会包容理念的必要性及针对不同用户群体(如老年人、未成年人、妇女、性工作者)开展图书馆服务的措施,其研究方法与系列研究成果对我国图书馆领域探讨公共图书馆社会包容、社会排斥等理论及图书馆服务实践具有重要的学术价值与实践指导意义❶。

(5)基于管理学视角的研究。即基于新公共管理理论、公共选择理论等视角研究图书馆弱势群体服务效率、管理和评估问题等。早在1972年,美国学者利普斯曼(Lipsman C K)出版了《弱势群体和图书馆效率》一书,这可能是最早对弱势群体服务进行的评估研究❷。1975年,英国谢菲尔德大学(The University of Sheffield)信息学系编写的《图书馆弱势群体延伸服务》论及了延伸服务的管理(包括部门之间的整合和合作、规划、评估)问题,提出测量弱势群体服务产出相当困难❸。美国学者劳伦斯·怀特(Laurens White)在《1980年的公共图书馆》一书中基于公共选择理论,在分析大量前人统计数据的基础上,论述了弱势群体服务在一定程度上导致图书馆服务效率下降问题❹。1999年,穆德曼等人《向所有人开放吗?公共图书馆与社会排斥》的研究报告提出"公共图书馆不能再返回到过去过于消耗资源的延伸服务和社区图书馆服务中去",并表明了弱势群体服务的高消耗性❺。里查德·普罗科特(Richard Procter)和巴图·奎格(Bartle Quigley)调查了公共图书馆对弱势群体接受教育过程的影响,建议公共图书馆提供更多基础性的教育资料,为具体用户提供符合其需求的课程,尤其是与信息技术相关

❶ 王政,洪伟达.公共图书馆:社会包容还是社会排斥——穆德曼公共图书馆社会排斥项目评介[J].中国图书馆学报,2013(5):122-130.

❷ Lipsman C K.The Disadvantaged and Library Effectiveness[R].American Library Association,1972.

❸ 王素芳.国外公共图书馆弱势群体服务研究述评[J].中国图书馆学报,2010(3):95-107.

❹ White L.The Public Library in the 1980[M].United States :Lexington Books,1983:94.

❺ Dave Muddiman.Open to All? The Public Library and Social Exclusion[M].London:Resource,2000.

的课程●。伊夫琳·克斯莱克（Evelyn Kerslake）和金内尔·玛格丽特（Kin-Alice Margaret）从对社区、个人技能和经济的影响三个角度论证了公共图书馆对社会的影响●。

（二）国内研究概况

国内图书馆为阅读困难群体服务的相关研究大致可归纳为以下6个方面。

（1）关于阅读困难与阅读障碍的基础理论研究。阅读障碍常被用来说明在书面语言和口头语言相互转换过程中出现的能力缺失或某种阅读功能缺陷，多发生在儿童阅读能力发展阶段。阅读困难的内涵相对广泛，包括阅读识别与转化能力低下、因阅读资源匮乏而导致的阅读障碍、外界环境影响下的阅读行为无法充分实施等。目前国内对于阅读困难与阅读障碍的理论研究较少，大多集中于儿童阅读心理与汉语发展性阅读障碍等方面的心理学和医学领域研究。例如，张映分析了小学生阅读心理障碍的成因，包括自满心理、从众心理、自卑心理导致小学生阅读心理受到干扰，并提出相应的排除方法●。宋然然利用调查研究、语言研究、神经心理研究及分子流行病学研究等方法，以汉语阅读障碍儿童为研究对象，探讨汉语阅读障碍儿童的发生率、影响因素，为寻求阅读障碍儿童有效教育手段提供理论基础●。缴润凯、路海东认为，儿童阅读困难的原因既有先天遗传及生理方面的原因，又有后天的教育及心理方面的原因；为有效防止儿童阅读

❶ Proctor R，Bartle C.Low Achievers Lifelong Learners：An Investigation into the Impact of the Public Library on Educational Disadvantage［R/OL］.LIC Research Report117.Resources：the Council for Musuems Archives and Libraries，2002.［2013－06－24］.http://www.she.fac.uk/content/1/c6/07/01/24/CPLIS%20－%20 Low%20Achievers.pdf.

❷ Kerslake E，KinnellM.The Social Impact of Public Libraries: A Literature Review［R］.BLRIC Report，the Community Services Group of the Library Association，1997.

❸ 张映.阅读心理障碍的干扰及其排除浅谈［J］.新课程研究，2009（7）：83－84.

❹ 宋然然.儿童汉语阅读障碍的发生机制研究［D］.武汉：华中科技大学，2006.

困难,要建立一套有效的鉴别程序和方法,鉴别出具有潜在阅读困难的儿童,并在阅读教学中采取必要的干预措施去帮助他们❶。李静认为,任何一个幼儿的发展潜力都没有可预测的极限,对于存在阅读困难的幼儿,只要及时提供相应的干预矫治,他们就能够掌握必要的阅读技能,成为一个积极有效的阅读者,并提出对阅读困难幼儿实施干预的方案❷。黄丹俞介绍了未成年人阅读障碍的症状和类型特点,认为儿童和青少年应当成为图书馆开展阅读障碍群体服务业务的重点关注对象,并指出图书馆需要在人馆政策、馆藏资源、辅助设备和其他方面为未成年阅读障碍患者提供特殊援助和专业化服务❸。

(2)关于阅读困难群体的阅读需求与行为的研究。目前关于不同类型阅读困难群体的阅读需求和阅读行为开展的有针对性的调查研究属于心理学研究范畴,较有代表性的研究成果为冷选英等人针对不同群体阅读心理开展的研究,其系列研究成果呈现和分析了我国不同类型阅读困难群体(老年读者、少年儿童读者、病人、工人读者等)的阅读现状❹。王虹针对阅读困难群体的阅读行为局限进行了深入研究,指出阅读困难群体是实现全民阅读的瓶颈,图书馆应帮助阅读困难群体走出困境❺。王瑛琦综合分析国外研究成果发现,信息与信息通信技术需求是当前农村居民的主要需求,国外农村图书馆阅读关怀策略主要集中于注重与当地社区合作,提供

❶ 缴润凯,路海东.国外儿童阅读困难的原因及教学干预研究述评[J].东北师大学报:哲学社会科学版,2003(3):130-135.

❷ 李静.幼儿阅读困难个案研究[D].南京:南京师范大学硕士学位论文,2003.

❸ 黄丹俞.图书馆未成年人服务之阅读障碍援助[J].图书与情报,2013(2):17-20.

❹ 冷选英.少年儿童读者的阅读心理[J].科技情报开发与经济,2006(24):119-120;冷选英.老年读者的阅读心理[J].科技情报开发与经济,2006(21):89-90;冷选英,易斌,孙小青.病人(患者)的阅读心理[J].科技情报开发与经济,2006(18):39-41;冷选英.工人读者阅读心理浅析[J].科技情报开发与经济,2007(8):78-79.

❺ 王虹.图书馆阅读的行为角度研究——基于阅读困难群体问题的思考[J].图书情报知识,2014(1):83-89.

信息通信技术培训与教育,从而提高阅读困难群体阅读能力,通过发展阅读文化项目培养读者的阅读行为及阅读习惯,促进当地阅读文化的发展❶。岳景艳分析了农村阅读困难群体现状的成因,论证了图书馆关怀农村阅读困难群体的可行性,从实施人性化关注、提供个体化援助、开发本土化服务资源等方面提出了图书馆关怀农村阅读困难群体的对策❷。袁嘉芮参考儿童心理学理论、方法和研究成果,论述了儿童心理学在公共图书馆少儿活动中的实际运用❸。

(3)关于阅读疗法的研究。阅读疗法是指在疾病治疗中利用图书馆和相关资料,在医生指导下,有引导、有目的、有控制地治疗情感和其他方面的问题❹。国内学者对阅读疗法的研究进程可划分为三个阶段:①起始阶段(1995—1998年),研究重点在于介绍并引入西方阅读疗法的发展情况;②实践研究阶段(1999—2004年),研究重点从介绍和评价国外阅读疗法的研究成果转向深入的专题研讨,并把阅读疗法与学生心理健康教育相结合,开展了大量的阅读疗法本土化研究;③反思阶段(2005年起至今),拓宽研究视野,阅读疗法研究从实践研究转为方法论研究❺。可以说,阅读疗法是目前国内外矫治阅读困难与阅读障碍的主要方法。在图书馆学研究领域,北京大学图书馆王波和泰山医学院宫梅玲对于阅读疗法的引入与实践研究具有较强的代表性。早在1998年,王波就比较详细地考察了英美等国的阅读疗法成果,对阅读疗法的原理进行了本土化再造,并对我国阅读疗

❶ 王瑛琦.农村阅读困难群体的阅读需求与图书馆阅读关怀策略研究——国外研究扫描[J].国家图书馆学刊,2013(6):80-87.

❷ 岳景艳.农村阅读困难群体与图书馆关怀对策[J].图书馆,2014(5):84-86.

❸ 袁嘉芮.儿童心理学与公共图书馆少儿活动策划——以重庆图书馆阅读推广活动为例[J].图书馆研究,2013(4):73-76.

❹ 王波.阅读疗法[M].北京:海洋出版社,2007.

❺ 关于中学生阅读治疗的试验研究[EB/OL].[2014-10-26].http://www.edu11.net/space.php?uid=6&do=blog&id=21245.

法研究和实践做了全面总结❶。宫梅玲强调阅读文献要有选择性和针对性，图书馆界开展阅读疗法实践工作的重点是通过有指导的阅读，帮助读者解决个人问题，其中难点是选择有针对性的文献❷。赵丰丰则通过对温州地区大医院和大图书馆应用阅读疗法的实践调查，归纳出阅读疗法适宜应用的疾病种类及这些疾病应分别采用哪类图书进行治疗❸。张为江认为，图书馆参与大学生心理健康教育十分必要，并从构建组织体系、加强条件建设、开展综合疗法三个方面阐述了图书馆阅读疗法的心理健康教育措施❹。严莉、彭琰针对我国医院图书馆、高校图书馆、公共图书馆开展阅读疗法的情况，从理论研究和实践研究两方面对比分析论证了医院图书馆开展阅读疗法的意义❺。王晓美认为，公共图书馆应用阅读疗法可以带给大众新型的心理治疗方案，使公共服务资源得以优化❻。陆思霖、陈雅认为，阅读疗法在我国民办高校图书馆的理论研究和实践探索中仍处于空白与缺失状态，应构建适合我国民办高校图书馆运行和发展的"抱团发展"式阅读疗法推广模式，将有助于图书馆阅读疗法服务的开展与运行❼。

（4）关于图书馆开展弱势群体阅读服务实践的研究。在中国图书馆学会的指导下，全国各级公共图书馆设计并开展了形式多样、内容丰富的阅读推广活动，以帮助各类弱势群体摆脱阅读困难，进而体现图书馆在公共

❶ 王波.图书疗法在中国[J].中国图书馆学报,1998(2):79-86;王波,傅新.阅读疗法原理[J].图书馆,2003(3):1-12;王波.阅读疗法的类型[J].大学图书馆学报,2004(6):47-53;王波.阅读疗法[M].北京:海洋出版社,2007.

❷ 宫梅玲.阅读疗法在高校中的实践探索[J].图书馆杂志,2010(10):33-36.

❸ 赵丰丰.对"阅读疗法"的调查及建议[J].大学图书馆学报,2000(1):38-39.

❹ 张为江.图书馆阅读疗法与大学生心理健康教育研究[J].河南图书馆学刊,2013(10):78-80.

❺ 严莉,彭琰.不同图书馆开展阅读疗法的对比分析[J].中华医学图书情报杂志,2014(1):45-47.

❻ 王晓美.公共图书馆阅读疗法应用研究[D].郑州:郑州大学硕士学位论文,2012.

❼ 陆思霖,陈雅.民办高校图书馆阅读疗法推广模式研究[J].图书馆建设,2014(11):46-49.

阅读服务体系中的价值。王政、洪伟达认为,图书馆具有为阅读困难群体服务的优势,同时也是其履行社会责任、体现社会包容的重要手段,图书馆应构建阅读困难群体权益保障机制,对阅读困难群体实施知识援助,为阅读困难群体提供具有针对性、差别性、高效性的图书馆服务[1]。张春春认为,图书馆中存在信息生态系统,阅读困难群体的信息权利能否得到保障受图书馆信息生态系统平衡状态的影响,图书馆可以通过信息资源优化配置、开展阅读推广活动、树立为阅读困难群体服务的意识、形成用户行为自律、建立信息协同的知识援助制度、提高用户的信息能力等路径为阅读困难群体提供服务[2]。尽管目前国内针对阅读困难群体的图书馆服务研究较少,但是仍可从图书馆开展的各类弱势群体阅读服务实践中总结归纳出图书馆为阅读困难群体提供服务的特殊方式、方法与成效。例如,王萍分析了老年读者的阅读心理,论述了老龄化时代公共图书馆的服务与对策[3]。丁文祎在分析我国少儿阅读现状基础上,归纳了近年来公共图书馆及少儿图书馆的少年儿童阅读推广活动类型,列举典型活动案例,分析推广策略特点、经验和教训[4]。朱莺在分析我国图书馆残疾人阅读推广现状的基础上,提出了单独推广、联合推广、数字阅读推广三种图书馆残疾人阅读推广模式[5]。王琳认为,婴幼儿阅读指导是早期教育的重要内容,提出基于拉斯韦尔"5W"传播模式的婴幼儿阅读推广方案[6]。徐捷以低幼儿童为研究对象,提出少儿图书馆应以0~6岁婴幼儿阅读推广工作为突破口,努力营造良

---

[1] 王政,洪伟达.图书馆为阅读困难群体服务研究[J].图书馆工作与研究,2014(11):92-95.

[2] 张春春.基于图书馆信息生态系统的阅读困难群体服务路径研究[J].图书馆,2014(5):81-83.

[3] 王萍.公共图书馆老年读者阅读心理探微[J].农业图书情报学刊,2010(7):122-124.

[4] 丁文祎.中国少儿阅读现状及公共图书馆少儿阅读推广策略研究[J].图书与情报,2011(2):16-21,56.

[5] 朱莺.图书馆残疾人阅读推广模式研究[J].图书馆研究,2014(4):54-56.

[6] 王琳.英美国家婴幼儿阅读推广项目研究及启示——基于拉斯韦尔5W传播模式[J].图书情报工作,2013(6):85-90.

好的幼儿阅读环境,增加服务,使家长利用少儿图书馆进行家庭教育,开展阅读活动,引导婴幼儿快乐阅读❶。

(5)关于图书馆与公民阅读权利研究。阅读权利作为图书馆权利、文化权利、教育权利的重要内容,是研究图书馆阅读困难群体服务的基石。随着图书馆权利意识的觉醒,业界部分学者将研究视角转向公民阅读权利保障领域。例如,姚杰提出公共图书馆保障弱势群体阅读权利的措施包括构建覆盖全社会的公共图书馆服务体系,加快公益性公共图书馆的体制改革,创新公共图书馆的服务方式❷。井荣娟、胡石阐述了我国阅读权利的发展史及研究现状,并针对图书馆所面对的阅读形势,引入"长尾理论""4R理论",从理念、氛围、用户及服务内容方面提出了图书馆保障阅读权利的举措❸。张建中探讨了公共图书馆在保障读者阅读权利、推动全民阅读中的重要角色及公共图书馆应做的努力❹。

(6)关于图书馆阅读推广活动相关理论与实践研究。图书馆开展阅读推广活动是目前图书馆倡导全民阅读、深化无障碍阅读服务的主要方式之一。国内现有关于图书馆阅读推广活动的研究成果较多,包括图书馆阅读推广的意义、理念、对策,图书馆阅读推广与和谐社会的构建,网络时代图书馆阅读推广的途径与效用,图书馆阅读推广活动实践等。理论研究部分,范并思认为,阅读与阅读推广是现代图书馆学的重要领域,现代图书馆学的阅读研究与图书馆核心价值相联系,研究中必须体现人文关怀、支持利用信息技术、支持新阅读❺。阅读推广中的基础理论问题包括阅读推广的定义,与图书馆服务、图书馆核心价值的关系等方面;阅读推广的目标人群是全体公民,重点是特殊人群,理论特征包括阅读推广的属性定位、目标

❶ 徐捷.关于少儿图书馆0-6岁婴幼儿阅读推广工作的思考[J].图书馆建设,2011(3):90-91,95.

❷ 姚杰.公共图书馆保障弱势群体阅读权利的策略[J].图书馆学刊,2011(5):75-76.

❸ 井荣娟,胡石.图书馆与阅读权利研究[J].新世纪图书馆学刊,2011(9):36-38.

❹ 张建中.试论保障阅读权利与公共图书馆服务[J].贵图学刊,2012(2):61-62.

❺ 范并思.图书馆学与阅读研究[J].图书与情报,2010(2):1-4.

人群、服务形式和价值基础[1]。吴晞认为,阅读推广是图书馆的根本性任务、历史发展的必然结果及图书馆行业生存和社会文化发展的需要[2];在大阅读时代,图书馆要担负起社会阅读主体的使命,全力开展阅读推广工作[3]。在研究方法与评估机制方面,王素芳研究了国际图书馆界婴幼儿阅读推广和暑期阅读推广活动的评估进展,分析了国内外典型儿童阅读推广活动评估案例及其评估目标、主体、方法、测量指标、数据采集方法和评估发现[4]。

在阅读推广的新技术应用研究中,许晔认为数字阅读能够为人们的阅读带来全新的体验,图书馆应加强数字阅读推广工作,并提出公共图书馆数字阅读推广模式[5]。王天泥认为,大数据技术中的"3A5步"法可以应用于图书馆阅读推广服务,并介绍了"3A5步"法应用于图书馆阅读推广的实现流程[6]。高灵溪认为,社会化媒体的运作机制能够让用户参与到图书馆信息内容的创造和传播,并且和图书馆及其他用户建立交流和互动,能够满足用户的多向阅读需求,有助于促进图书馆阅读推广工作的开展与发展[7]。叶爱芳认为,基于手机阅读的图书馆阅读推广将成为图书馆扩展服务的新模式[8]。滕云霞提出构建基于读者数据的公共图书馆馆藏优化和阅读推广

❶ 范并思.阅读推广与图书馆学:基础理论问题分析[J].中国图书馆学报,2014(5):4-13.

❷ 吴晞.任务、使命与方向:图书馆的阅读推广工作[J].图书馆杂志,2014(4):18-22.

❸ 吴晞.大阅读时代和图书馆阅读推广——在湖南省普通高校图书馆2013年馆长年会上的报告[J].高校图书馆工作,2014(2):79-84.

❹ 王素芳.国际图书馆界儿童阅读推广活动评估研究综述[J].图书情报知识,2014(3):53-66.

❺ 许晔.公共图书馆数字阅读推广模式研究[J].图书馆研究,2014(2):72-74.

❻ 王天泥.大数据技术在图书馆阅读推广中的应用——以"3A5步"法为例[J].科技资讯,2014(19):254-256.

❼ 高灵溪.基于社会化媒体图书馆阅读推广研究[D].长春:东北师范大学硕士学位论文,2013.

❽ 叶爱芳.基于手机阅读的图书馆阅读推广——图书馆扩展服务的新模式[J].图书馆研究与工作,2011(2):63-65.

模型,并以哈尔滨市图书馆开展的"优秀读者评选奖励"活动实践为例进行了相关实证研究❶。

目前国内图书馆阅读推广活动研究还包括针对各地区各类型图书馆特点设计的阅读推广活动成功案例研讨与阅读推广服务模式创新研究。例如,郎杰斌、吴蜀红介绍了美国国会图书馆利用其丰富的资源和独特的地位积极开展全民阅读推广活动的实践❷;李芙蓉、李常庆介绍了美国、日本等发达国家公共图书馆开展的动漫阅读推广活动❸;闫伟东介绍了欧美图书馆的多元化阅读推广模式❹;周樱格介绍了日本图书馆少儿阅读推广的策略❺;王达介绍了德国图书馆及其阅读推广模式❻;康媛媛等人介绍了香港公共图书馆城市阅读推广模式❼;肖永英、陈永娴介绍了深圳市社区图书馆的阅读推广计划❽。在阅读推广创新模式研究中,赵曼娟、朱紫阳认为,"Living Library"作为全新的"阅读"模式,可通过创新阅读空间、精品导读虚拟社区、转变服务理念、注重品牌推广与营销等实现图书馆阅读推广服务创新❾;周铭蓉认为,实施阅读馆员制度有助于建立公共图书馆阅读服务体

❶ 滕云霞.基于读者数据的公共图书馆馆藏优化与阅读推广实证研究[J].图书馆,2014(3):80–82.

❷ 郎杰斌,吴蜀红.美国国会图书馆阅读推广活动考察分析[J].图书与情报,2011(5):40–45.

❸ 李芙蓉,李常庆.美日公共图书馆动漫阅读推广活动探析[J].中国图书馆学报,2014(6):33–42.

❹ 闫伟东.欧美图书馆多元化阅读推广模式及其启示[J].图书情报工作,2013(12):82–87.

❺ 周樱格.日本图书馆少儿阅读推广的策略研究与启迪[J].图书馆杂志,2012(9):108–110.

❻ 王达.德国图书馆及其阅读推广[J].情报资料工作,2014(4):96–99.

❼ 康媛媛,胡曦玮,陆和建.公共图书馆城市阅读推广模式研究——以香港公共图书馆为鉴[J].图书馆学研究,2013(10):65–67,93.

❽ 肖永英,陈永娴.阅读推广计划——深圳市社区图书馆的发展机遇[J].图书情报工作,2006(8):102–105,86.

❾ 赵曼娟,朱紫阳.living library与图书馆阅读推广服务创新[J].图书馆工作与研究,2013(12):113–115.

系,开展阅读创新服务❶;季燕菊指出,公共图书馆进行绘本阅读推广对促进儿童全面发展具有较大帮助❷。这些研究成果均为图书馆开展阅读困难群体服务提供了有效参考与指引。

二、研究意义

通过对国内外现有研究成果对比分析可知,目前我国相关研究尚处于起步阶段,理论研究与实践研究均缺乏系统性、整体性和可操作性。一方面,现有研究成果呈分散状态,多为图书馆阅读基础理论研究、阅读推广活动案例介绍、图书馆开展阅读服务的价值梳理等,针对各类型阅读困难群体(如老年人、残疾人、低幼儿童、阅读障碍症患者等)的研究成果不多,上升到阅读权利、知识自由、信息公平等理念的研究更是欠缺;另一方面,现有研究成果提出的改进策略零散,对实践活动的指导意义不足,缺乏具有系统性、针对性和顶层设计的策略研究。针对国内图书馆为阅读困难群体提供服务存在的不足,亟需从阅读困难群体的界定、成因及阅读特点着手,以信息公平、图书馆权利等理论为基础,通过对图书馆阅读促进活动、图书馆弱势群体服务开展的相关研究和调查,结合不同类型阅读困难群体的阅读需求和阅读行为特点,提出具有针对性的图书馆阅读困难群体服务优化措施。所得研究成果不仅在阅读权利理论梳理、阅读困难群体界定方面具有学术价值,而且对于图书馆阅读活动组织和读者阅读指导等方面具有较强的实践意义。

(一)理论指导意义

研究图书馆为阅读困难群体服务问题,首先要明确图书馆权利、阅读权利等理论内涵。图书馆权利是指导开展一切图书馆服务的理论依据,阅读权利是保障公民阅读需求得以及时满足、阅读行为得以正确实施的理论

---

❶ 周铭蓉.大众阅读推广与阅读馆员服务——公共图书馆阅读服务体系创新[J].重庆图情研究,2014(1):48-51.

❷ 季燕菊.公共图书馆绘本阅读推广思考[J].图书馆研究,2013(3):66-69.

支撑。理解阅读权利有两个要旨：一是所有公民不论年龄、贫富、种族、语言、社会地位如何，均享有平等获取阅读资源、实施阅读行为和利用图书馆提供的阅读服务等权利；二是图书馆在保障所有公民阅读权利得以平等实现的同时，尤其要关注阅读困难群体的权利保障问题，通过确立阅读条例法案、平衡阅读资源配置、提供阅读服务等方式使社会资源向阅读困难群体倾斜，消除阅读困难群体面对的各种阅读障碍与阻力，并为其提供特殊的、具有可用性的资源与服务。以阅读权利为理论根基，着重分析各类阅读困难群体的阅读需求、阅读行为特点及其阅读困难成因，有助于掌握阅读困难群体的总体状况与个性特点，明晰阅读权利缺失对阅读困难群体自身文化权利、受教育权利的影响，为保障阅读困难群体的阅读资源平等自由获取、改善阅读困难群体的不利地位、促进社会和谐发展、构建公共阅读服务体系提供理论支撑。

（二）实践指导意义

阅读困难群体往往面临阅读能力缺失、阅读资源匮乏、阅读方式受限、阅读环境干扰、阅读行为受阻等问题。据此，阅读困难群体范围较为广泛，涵盖了认知障碍症群体、残疾人、老年人、低幼儿童、农民、低收入者等多种人群。这些群体由于长期处于知识匮乏、技能缺失的状态，阅读资源获取数量、质量、渠道，以及利用知识、处理信息能力较为薄弱，处于社会边缘地位，受教育权利、文化权利、民主权利等无法实现。长此以往，阅读困难群体普遍呈现社会竞争能力低下、公共话语权微弱、社会活动参与程度低、精神生活、经济状况较差、被社会主流文化排斥等问题。公共图书馆作为国家和政府为保障公民自由、平等地获取信息和知识而进行的一种制度安排，对于保障阅读困难群体的基本阅读权利具有极为重要的现实意义。通过对阅读困难群体分布状况、阅读需求与阅读行为特点、图书馆为阅读困难群体服务情况的实证调研，以实际数据描述我国阅读困难群体的阅读现状、阅读需求与差异，最终提出具有群体针对性、可操作性、差别性的图书馆服务改进建议,通过典型阅读活动案例设计与实施效果研究,探寻具有可操作性的图书馆阅读困难群体服务措施与活动方式,对于指导图书馆阅读困难群体服务、打造无障碍图书馆阅读环境、引领图书馆阅读指导工作开展具有实践指导意义。

(三)决策参考意义

国际阅读学会(International Reading Association,IRA)曾在一份总结阅读对于人类最大益处的报告中指出,"阅读能力的高低将直接影响到一个国家和民族的未来,因此世界很多国家把阅读作为重要的国家战略,用尽各种办法推动全民阅读"[1]。近年来,国家文化政策的大力支持与社会各界的积极倡导,推动了全民阅读工作的全面展开,全民阅读问题已经引起社会各界的重视。2006年,国家新闻出版广电总局首次会同中共中央宣传部等11个部门联合发出《关于开展全民阅读活动的倡议书》;2011年,党的十七届六中全会首次将"开展全民阅读活动"写入全会决议中;2012年11月,党的十八大报告历史性地写入"开展全民阅读活动";2013年3月,国家新闻出版广电总局开始组织起草《全民阅读促进条例》;2014年3月,国务院政府工作报告提出"倡导全民阅读";2016年12月,《全民阅读"十三五"时期发展规划》印发,把"倡导全民阅读""推动国民素质和社会文明程度显著提高"列为"十三五"时期的重要工作;2017年6月,为促进全民阅读,保障公民的基本阅读权利,提高公民的思想道德素质和科学文化素质,培育和践行社会主义核心价值观,传承中华优秀传统文化,推动社会文明程度显著提高,制定实施《全民阅读条例》;2017年11月出台的《公共图书馆法》中特别强调"公共图书馆应当通过开展阅读指导、读书交流、演讲诵读、图书互换共享等活动,推广全民阅读。"作为公共文化服务体系的重要组成部分,图书馆是保障公民阅读权利、推动全民阅读的重要力量。然而,目前我国各级各类图书馆普遍存在缺乏持续经费投入、行政体制分割明显、社会资

---

[1] 朱永新.全民阅读应成为国家战略[EB/OL].[2015-02-25].http://epaper.gmw.cn/gmrb/html/2013-04/21/nw.D110000gmrb_20130421_1-09.htm?div=-1.

源配置不协调、可持续发展机制不健全等问题,严重影响和制约了图书馆事业的发展及图书馆阅读服务的创新。研究借鉴与引进国外图书馆为阅读困难群体服务的先进理念与模式,通过本土化再造,提出优化图书馆阅读困难群体服务方式与阅读资源配置的政策框架和制度保障方案,从宏观和微观的角度设计阅读困难群体服务模式,对构建公共阅读服务体系、营造全民阅读氛围、倡导书香社会、推动全民阅读发展具有决策参考意义。

第二章　阅读与阅读权利

我们正处在一个主张权利的信息社会,也是一个文化祛魅的阅读时代。阅读作为一种文化符号,被当今时代赋予了新的喻示与价值。对于公民个体来说,从某种程度上讲,一个人的精神发育史就是他的阅读史[1]。阅读是人的生存态度、生活方式和发展基础。现如今,阅读逐渐成为公民提升自我、完善自我、开展终身学习、促进全面发展的生活方式,全民阅读正在全社会悄然兴起,并改变着人们的生活。正如习近平总书记在2014年2月7日接受俄罗斯电视台专访时谈到的:"现在,我经常能做到的是读书,读书已成了我的一种生活方式。读书可以让人保持思想活力,让人得到智慧启发,让人滋养浩然之气。"[2]英国著名诗人乔治·戈登·拜伦(George Gordon Byron)曾言:"一滴墨水可以引发千万人的思考,一本好书可以改变无数人的命运。"对于整个社会而言,阅读是内着一定的观念、信仰和价值系统的整体性文化现象,彰显着一个国家的公民意识和时代精神,也是一个国家综合国力的重要标志。然而,目前我国国民的阅读情况不容乐观。由中国新闻出版研究院组织实施的第十四次全国国民阅读调查结果显示,2016年我国成年国民图书阅读量为7.86本,图书阅读率为58.8%[3]。我国作为世界上最大的图书生产国,2016年共出版图书49.9万

---

[1] 朱永新.改变,从阅读开始[N].人民日报,2012-01-06.

[2] 新华网.习近平接受俄罗斯电视台专访[EB/OL].[2014-02-10].http://news.xinhuanet.com/world/2014-02/09/c_119248735.htm.

[3] 中国新闻出版研究院:2016年第十四次全国国民阅读调查报告[EB/OL].[2017-12-27].http://book.sina.com.cn/news/whxw/2017-04-18/doc-ifyeimqy2574493.shtml.

种,而人均阅读量却远远少于其他国家。因此,对于我国而言,推广全民阅读不仅是增加公民知识储备、提升个人修养、丰富文化精神生活、促进全面发展的重要手段,更是国家和民族兴旺发达、千年文明得意传承的必然要求。

第一节 关于阅读的几个重要概念

自古以来,东西方文明均对阅读问题开展了漫长而深入的研究,而且各学科从不同的角度切入,形成了多种阅读理论。国际阅读协会(International Reading Association,IRA)于1956年1月在美国成立,标志着现代阅读学作为一门独立的学科出现。20世纪60年代,国外高校纷纷开设关于阅读的大学课程。20世纪80年代,现代阅读学迅速发展,研究内容从传统的阅读行为研究发展到阅读心理和生理过程、阅读规律、阅读技法及阅读教学等方面的研究❶。对于现代图书馆学研究而言,阅读、阅读行为和阅读文化的研究能够帮助图书馆学者更好地认识阅读的社会意义和基本规律,为图书馆促进全民阅读提供基本理论的支撑❷。因此,本节将重点梳理和阐释阅读和与阅读相关的几个重要概念。

一、阅读的内涵

由于受到生成语法与结构语言学的影响,对国外阅读理论的研究在20世纪五六十年代出现了高潮。国外学者针对阅读过程提出了各式各样的定义,大致可归为四类:自下而上(the bottom-up)的阅读理论、自上而下(the top-down)的阅读理论、相互作用(the interactive)理论和图式(schemata)理论。高夫(Gough)最早提出自下而上的阅读理论,他主要从信息加工的理论来阐述阅读过程,该理论认为:"读者要理解所读的东西,必须将书面

---

❶ 郑章飞.图书馆阅读推广理论与实践研究述略[J].图书馆论坛,2010(6):47-51.

❷ 范并思.阅读推广的理论自觉[J].国家图书馆学刊,2014(6):3-8.

语言的视觉刺激转换成话语。如果读者是没经验和不成熟的,这种转换是表面的;倘若是老练且阅读迅速的,这种转换则是潜在的。"[1]古德曼(Goodman)在1967年提出自上而下的阅读理论,他反对把阅读过程简单化的看法,认为"人们在阅读过程中,通常利用语言知识、有关经验的作用对课文进行加工。阅读乃是一个选择的过程,即在读者预期的基础上对那些可能得到的、最少的、从知觉中选择出来的语言线索进行加工,形成暂时的预测和判定。这些暂时的预测和判定会在继续进行的阅读中得到证实、拒绝或进一步加以提炼。因此,阅读乃是一种心理语言学的猜测游戏,其包括了思想和语言之间的相互作用。有效的阅读并非精确的知觉与辨认所有文字成分,而是选择最少的、最有效的线索,产生最有效猜测的一种技能。因此,在阅读中去预期那些没有看到的东西的能力是最重要的。阅读过程并非是一个精确知觉的过程、系列加工的过程,而是一个选择的过程,做出暂时判定和预期的过程"[2]。其后,英国学者鲁姆哈特(Rumelhart)在1977年提出相互作用理论,该理论亦称交互作用模式,认为"成功的阅读需要自下而上与自上而下信息处理技巧之间的平衡的相互作用"[3]。图式理论认为,人类在阅读时,词的形状进入视觉的信息储存中,由一个特征提取装置对这些信息进行操作,并从视觉信息贮存中提取关键性特征,这些特征作为感觉输入人的图形综合器,图形综合器利用所有这些信息(感觉和非感觉的)对输入的图形作最可能的解释[4]。上述几种具有代表性的阅读理论研究均揭示了阅读过程中读者的心理活动特征及思维活动规律,分析了影响阅读的诸因素之间的关系。后来,阅读理论又历经了释义学、现代阐释学、接受美学等发展历程,被广泛应用于哲学、文艺学、文学、教育学等学科领域。其中,哲学、文艺学领域的阅读理论将阅读的文本视为一切可阐释的存在;

[1] 叶起昌.国外阅读研究述评[J].福建外语,1995(1-2):23-33.

[2] 段蕙芬,蒋子诚.现代阅读心理研究的理论与模式[J].上海教育科研,1998(8):41-43.

[3] 叶起昌.国外阅读研究述评[J].福建外语,1995(1-2):23-33.

[4] 段蕙芬,蒋子诚.现代阅读心理研究的理论与模式[J].上海教育科研,1998(8):41-43.

而文学、教育学领域认为阅读理论的研究对象多是读者个体的阅读活动，侧重于研究读者个体对文本的阐释与交流、阅读原理的分析，以及阅读能力的提高❶。

　　我国作为四大文明古国之一，具有悠久的阅读历史，自古以来对阅读就有深刻的认识，对阅读的研究也从不同学科、不同角度展开，形成了多种阅读理论。长期以来在人们的观念中，阅读等同于读书。所以，最早的阅读理论可见于历代阅读指导书籍，如《唐末士子读书目》《程氏家塾读书分年日程》《读书次第》《经籍举要》《书目答问》；论读书的文集，如《荀子·劝学篇》《吕氏春秋·劝学》《颜氏家训·勉学》《劝学篇》；论读书方法的书籍，如《朱子读书法》《宋先贤读书法》《读书作文谱》《读书说约》《轩语》《读书法汇》等；记载读书事迹与掌故的书籍，如《读书止观录》《读书十六观》《读书十六观补》等❷。我国图书馆学、情报学领域阅读理论研究的资深学者当属北京大学的王余光教授，他把阅读视为一种文化现象，置于社会历史的整体环境中综合考察，运用文化研究的理论和方法，认识阅读的丰富内涵和意义。王余光认为，阅读是指从书面语言和符号中获得意义的社会行为、实践活动和心理过程，即阅读主体（读者）与文本（可以是一本书，也可以是整个宇宙）相互影响的过程❸。这种意义上的阅读概念具体包含四层含义：①阅读是人类的一种认知过程，人们通过阅读来探知未知，创造自我；②阅读是一种普遍的文化现象，是人们获取知识的重要手段，成为不受时间、地域限制的一种被人们普遍接受的行为方式；③阅读是知识的传承与文化的延续，图书流传为人类文化的继承和创造提供了条件，而阅读则使文化的继承和创造变为可能；④阅读是人们生活的一部分❹。

---

❶ 王余光.关于阅读史研究的几个问题[J].图书情报知识,2001(3):7-11.

❷ 王余光.关于阅读史研究的几个问题[J].图书情报知识,2001(3):7-11.

❸ 王余光,徐雁.中国读书大辞典[M].南京:南京大学出版社,1999:350.

❹ 王余光.阅读的个性、文化性与社会性[J].高校图书馆工作,2009(1):1-2.

二、阅读的外延

(一)阅读需求

阅读需求是指阅读主体在一定的客观环境下对文献的内容、数量、质量和形式的需求和具体要求[1]。阅读主体通过阅读活动获取信息和知识，通过阅读需求来表达阅读活动的愿望和意向。阅读需求是人的一种个人心理需求，心理因素在阅读过程中起着主导作用。阅读需求影响和制约着各种心理活动现象，决定了阅读行为的顺利实施，是阅读行为的最根本动力。只有从阅读需求出发，我们才能掌握阅读主体的心理行为和发展规律。阅读需求通常分为学习型、研究型、应用型、欣赏型、治疗型五种类型，具有针对性、层次性、弹性、相对满足性、可诱导性、关联性、指向性、发展性等特点[2]。

阅读需求始终不停地发展变化，因阅读群体、阅读媒介、阅读方式、阅读目的、阅读内容的不同，而呈现不同的需求特点。即便是同一个人，随着成长、经历、身份、环境等变化，其阅读需求也不尽相同。同时，阅读需求具有持续性特点，可贯穿人的一生，代表了阅读主体的求知欲望。从阅读群体划分来看，不同群体的阅读需求不尽相同，如老年人的阅读需求主要为养生保健信息、休闲消遣信息、时事政治信息等，农民的阅读需求主要是农业信息、科技信息、致富信息、法律法规知识、经营管理知识等，青少年的阅读需求主要为文化娱乐信息、教育科技类信息以及课外读物等。在阅读媒介方面，随着互联网络技术的飞速发展及电脑、手持阅读器、手机等移动终端的广泛普及，阅读媒介呈现多样化特点。同样，阅读需求随之从纸质媒介拓展为数字媒介，尤其是目前网络阅读和数字阅读成为公众获取信息和知识的重要途径。第十四次中国国民阅读调查结果显示，2016年成年国民各媒介综合阅读率为79.9%，数字化阅读接触率为68.2%，手机接触时长增

[1] 刘兵.公共图书馆少儿读者阅读需求规律研究[J].当代图书馆,2005(12):23-26.
[2] 邱维民.试论读者阅读需求的特性[J].图书馆,1992(3):61-62.

长显著,人均每天微信阅读时长为26分钟,而人均每天读书时长仅为20分钟❶。随着人们阅读方式变化,阅读的需求和目的也在发生变化,正从以"工作学习需要"为主的学习性阅读向"增加知识""开阔视野""休闲消遣""满足兴趣爱好""提高修养"等多元化阅读目标转变。而且,随着阅读内容的世俗化,阅读需求也随阅读内容的丰富向更为通俗、流行、实用、消遣的阅读内容转变。

(二)阅读行为

20世纪60年代以前,从阅读行为出发的阅读理论研究占据主导和统治地位,它们把阅读过程理解为词、句与意义建立联系的过程,强调词汇在阅读理解中的作用❷。20世纪三四十年代,美国芝加哥学院图书馆学研究院开始关注阅读行为的研究,在韦普尔斯(Waples)等人的带领下,学院承担了一系列关于阅读行为研究的课题,他们用大量的社会调查数据,细致地分析了影响阅读兴趣和行为的各种因素,韦普尔斯本人也通过实证研究提出社会群体与阅读兴趣之间关系的理论❸。芝加哥学派注重从社会、历史、文化的角度发现人类图书馆活动的基本原理,他们试图通过对于阅读的研究揭示阅读的本质,进而发现图书馆的社会价值❹。阅读行为的发生过程以内外环境的刺激为基础,而最重要的刺激源是阅读需求。人的客观需求(如生产、物质生活和精神生活的需要)激发了人的经济、政治和文化行为。阅读行为包括提供阅读和实施阅读,缺失任何一方,阅读都将遭遇阻碍❺。

为了掌握民众的阅读规律、特征、倾向等情况,把握阅读行为的表现与

❶ 第十四次全国国民阅读调查报告出炉:2016年人均阅读7.86[EB/OL].[2017-12-25].http://book.sina.com.cn/news/whxw/2017-04-18/doc-ifyeimqy2574493.shtml.

❷ 段蕙芬,蒋子诚.现代阅读心理研究的理论与模式[J].上海教育科研,1998(8):41-43.

❸ 于良芝.图书馆学导论[M].北京:科学出版社,2003:138.

❹ 范并思.阅读推广的理论自觉[J].国家图书馆学刊,2014(6):3-8.

❺ 王虹.图书馆阅读的行为角度研究——基于阅读困难群体问题的思考[J].图书情报知识,2014(1):83-89.

发展趋势,美国、加拿大、新加坡、韩国、法国、英国等国均开展了不同程度
和范围的国民阅读状况调查与评估,并积极寻求改进措施。近年来,中国
新闻出版研究院连续公布了15次国民阅读行为调查结果,揭示了当前国民
阅读行为特点:数字化阅读方式的接触率显著上升,图书阅读量上升幅度
较小,成年国民手机接触时长增长显著,人均纸质图书阅读量4.65本,图书
价格承受能力略有提升,超四成的成年国民认为自己的阅读数量较少,近
七成的成年国民希望当地有关部门举办阅读活动,未成年人人均图书阅读
量8.34本,90%的家庭平时有陪孩子读书的习惯❶。随着媒体形态的多元化
发展,阅读行为从传统媒体走向新媒体、全媒体,少儿阅读越来越受到家庭
教育的关注,国民对自身的阅读状况有所了解与反思,免费阅读是促进全
民阅读的大趋势。

(三)阅读心理

阅读心理是指阅读过程中的感知、记忆、思维、想象、动机、兴趣、意志
等心理现象的总称❷。常见的阅读心理可分为尚名型、唯我型、应试型、消
遣型、从众型、学习型、研究型等几种类型。影响读者阅读心理的因素,除
了读者自身心理状态等内在因素外,还包括阅读对象的内容和形式特征、
不同的显性和隐性环境、社会整体的阅读状况等外部因素❸。对于阅读主
体来说,影响阅读的内动力是阅读心理,关涉阅读的动机、阅读的目的、阅
读的意愿、阅读的需求、阅读的心境、注意力的问题、兴趣的问题、阅读的联
想问题、美感的问题、阅读的能力问题等多个方面❹。

20世纪60年代,随着认知心理学的发展,人类的学习过程被看作认知
结构(即人们在认识活动中对已有知识经验的组织)的重组、改造和发展,

---

❶ 全方位解读"第十四次全国国民阅读调查报告"[EB/OL].[2017-12-25].http://www.sohu.com/
a/134750121_178249.

❷ 黄葵,俞君立.阅读学基础[M].武汉:武汉大学出版社,1996:92.

❸ 刘泳洁,盛小平,陈晨,等.国内阅读文化研究综述[J].情报理论与实践,2012(12):121-125.

❹ 王余光.阅读的个性、文化性与社会性[J].高校图书馆工作,2009(1):1-2.

强调已有知识经验的作用。按照认知学派的观点,阅读就是从书面材料中提取意义的过程,也就是获取信息的加工过程,至于能否获得意义达到理解,取决于读者的认知结构,即阅读强调背景知识对当前活动的影响❶。关于阅读心理的研究是从发现阅读者眼球运动的规律开始的。阅读者在阅读时是几个字或者整句合成一起看的,并非每个字逐个看,加之从心理学视角肯定已有知识对阅读过程的影响,则清楚地揭示了阅读过程中读者的心理活动特征以及思维活动规律,有助于分析影响阅读的各因素之间的关系。在国外研究中,史密斯(Smith)和古德曼(Goodman)率先用心理语言学理论观察分析了第一语言阅读过程。1971年,史密斯(Smith)首次提出"冗余"(Redundancy)理论,他认为,"阅读时信息来源有四个——视觉、听觉、句法和语义,这四个信息来源往往是重复的,如果阅读者能充分利用其他三个信息来源,就可减少对视觉信息的需求。因此,读者如果能利用其他各方面的信息来源,就可以减少对阅读篇章可见信息的需求"❷。根据这一理论,古德曼提出了阅读是"心理语言学的猜测游戏"这一理论,并认为,阅读过程就是一个预测、选择、检验、证实等一系列认知活动;有效的阅读并不有赖于对所有语言成分的精确辨认,而在于能否用输入信息中尽可能少的线索做出准确判断❸。

(四)阅读文化

王余光教授是业界较早开启阅读文化研究的学者,他认为阅读文化的内涵可以从广义与狭义两个层面来理解。广义的阅读文化指建立在一定的技术形态和物质形态基础上,受社会意识和环境制度制约而形成的阅读价值观念和阅读文化活动❹。从狭义角度,阅读文化指阅读文学

❶ 段惠芬,蒋子诚.现代阅读心理研究的理论与模式[J].上海教育科研,1998(8):41-43.

❷ 杨素珍.国外阅读理论研究概述[J].淮阴师专学报,1995(4):37-39.

❸ 杨素珍.国外阅读理论研究概述[J].淮阴师专学报,1995(4):37-39.

❹ 王余光,汪琴.关于阅读文化研究的几个问题[J].图书情报知识,2004(5):3-7.

艺术作品❶。阅读文化研究是从文化视角来研究人类的阅读活动,将其作为一种文化现象,置于社会历史的整体环境中综合考察❷。因此,阅读文化研究关注社会范围的阅读传统、阅读习惯、阅读的价值取向、宗教与阅读等。

阅读文化在结构上可分为:①功能与价值层面,包括阅读的终极目的、读书人的阅读观念和价值取向,文化形态、宗教信仰、道德修养、民族精神对阅读的影响,阅读的功用,阅读对塑造人们品格和情操、价值观念、社会生活有何影响等;②社会意识与时尚层面,是指影响和制约阅读的各种社会因素,如政治意识、群体意识、时尚等;③环境和教育层面,是指阅读文化产生和发展的物质基础,包括经济、图书馆、出版业、社区与家庭、教育等方面❸。阅读文化具有时代性、区域性、民族性、群体性、关联性等特征:时代性表现在阅读的风气、形式是随时代变化的,阅读受当时政治、经济、文化及教育等社会因素的影响;区域性表现在不同区域拥有不同的阅读文化,经济发达地区往往是阅读发达的地区;民族性表现在阅读文化在不同地域呈现出独特的民族特性;群体性表现在阅读文化可以体现一个社会、一个民族、一个国家或者一群人共同形成并享有的阅读理念和阅读行为特征;关联性表现在阅读文化与一个社会或者民族的政治、经济、宗教、传统、民俗等有紧密关联❹。虽然,目前我国关于阅读文化的研究成果不多,但史料颇丰,从史学角度出发对于阅读史的系统研究也属于阅读文化研究范畴,如研究历代推荐书目、历代学人论读书方法、历代学人读书事迹和掌故等❺。

---

❶ 王静美,朱明德.中俄公民阅读文化比较[J].图书馆理论与实践,2005(3):42-44.

❷ 王余光,汪琴.关于阅读文化研究的几个问题[J].图书情报知识,2004(5):3-7.

❸ 王余光,汪琴.关于阅读文化研究的几个问题[J].图书情报知识,2004(5):3-7.

❹ 刘泳洁,盛小平,陈晨,石梅.国内阅读文化研究综述[J].情报理论与实践,2012(12):121-125.

❺ 王余光,汪琴.关于阅读文化研究的几个问题[J].图书情报知识,2004(5):3-7.

（五）阅读疗法

阅读疗法延伸自英文"bibliotherapy"一词，亦称图书疗法、书目疗法、读书疗法等，是以文献为媒介，将阅读作为保健、养生及辅助治疗疾病的手段，使自己或指导他人通过对文献内容的学习领悟和讨论，养护或恢复身心健康的一种方法[1]。"bibliotherapy"一词源自希腊语的"biblion"（book-图书）与"oepatteid"（healing or treatment，医治或治疗）的组合[2]。美国是最早把阅读作为辅助疗法纳入卫生医疗体系进行学术研究和临床应用的国家。1916年，美国人塞缪尔·克罗色尔斯（Samuel Mc·Chord Crothers）在《大西洋月刊》（Atlantic Monthly）上发表文章，首次创造并且使用了这个词[3]。1941年，在《道兰德插图版医学词典中》（Dorland's Illustrated Medical dictionary）中，"bibliotherapy"首次被定义为：利用书籍于精神疾病的治疗[4]。在英语中，"bibliotherapy"的同义词还有"reading healing""reading treatment""reading therapy"、"reading cure"等[5]。阅读疗法自兴起后便在世界很多国家得到了密切关注，英国、俄国、德国、荷兰、芬兰、日本等国对于阅读疗法理论和实践都进行了深入研究。20世纪50年代至70年代，各国关于阅读疗法的研究进入高潮阶段。尤其是IFLA在1984年的大会上发表了《图书馆为医院病人和残疾人服务纲要》，强调了图书馆为患者和残疾人开展阅读疗法服务的重要性，标志着阅读疗法开始明确纳入全世界图书馆服务体系中[6]。

阅读疗法引入我国大约在20世纪90年代，当时的学者在研究中广泛引用美国《韦氏新国际英语词典》和《图书情报学百科全书》中对于阅读疗法的定义，即"利用选择性的阅读辅助医学与精神病学的治疗，通过指导性的

❶ 王波.阅读疗法[M].北京：海洋出版社，2007：56-70.

❷ 王波.阅读疗法[M].北京：海洋出版社，2007：56-70.

❸ 王波，傅新.阅读疗法原理[J].图书馆，2003（3）：1-12.

❹ 王波，傅新.阅读疗法原理[J].图书馆，2003（3）：1-12.

❺ 王波.阅读疗法概念辨析[J].图书情报知识，2005（1）：99-102.

❻ 王波.阅读疗法概念辨析[J].图书情报知识，2005（1）：99-102.

阅读帮助解决个人问题"[1]。国内对于阅读疗法的专门性研究开始较早的属北京大学图书馆的王波，他认为"阅读疗法就是通过阅读促进健康"[2]。阅读疗法可划分为发展阅读疗法和临床阅读疗法两种，王波从发生学原理、心理学原理、生理学原理、心理生理学原理等多角度揭示了阅读疗法的原理与作用机制。其后，我国学者宫玲梅、陈书梅、万宇等分别展开阅读疗法的本土化研究与实践研究。具体到阅读疗法的内涵，可以归纳为：以书籍作为治疗手段的一种心理治疗方法[3]。近年来，阅读疗法的应用领域比较广泛，可用于改善养老机构中老年人的主观幸福感、中小学生的心理健康教育、治疗抑郁症、解决大学生网络成瘾问题、灾后青少年心理重建等方面，涉及心理学、社会学、医学等多个研究领域，正朝着多样化、具体化方向发展。

（六）阅读推广

阅读推广（reading promotion）也称阅读促进。于良芝教授根据图书馆界从事阅读推广的经验，将阅读推广界定为"以培养一般阅读习惯或者特定阅读兴趣为目标而开展的图书宣传推介或者读者活动"，并认为阅读推广活动的效果主要体现为公众阅读行为和阅读量的改变[4]。可见，阅读推广以"培养阅读习惯或兴趣"为目标，影响人们的休闲阅读行为（reading for pleasure）（即与工作或者学习任务无关的阅读行为）。而与工作或学习相关的阅读行为具有明确的目的性——解决工作或学习中的问题，不易受阅读推广的影响[5]。阅读推广主要包含以下要素：推广或促进活动、被宣传或推

---

[1] 王波.阅读疗法概念辨析[J].图书情报知识,2005(1):99-102.

[2] 王波.阅读疗法概念辨析[J].图书情报知识,2005(1):99-102.

[3] 郑章飞.图书馆阅读推广理论与实践研究述略[J].图书馆论坛,2010(6):47-51.

[4] 于良芝,于斌斌.图书馆阅读推广——循证图书馆学(EBL)的典型领域[J].国家图书馆学刊,2014(6):9-16.

[5] 于良芝,于斌斌.图书馆阅读推广——循证图书馆学(EBL)的典型领域[J].国家图书馆学刊,2014(6):9-16.

介的图书、公众及其阅读活动❶。

现有关于阅读推广的研究大多是介绍一馆一事的服务做法,以及阅读推广的现状与发展,而对于阅读推广的价值、目标、类型、服务特点等理论问题研究极少,阅读推广领域正是一个忽略研究、缺乏理论支撑的领域❷。华东师范大学的范并思教授致力于阅读推广研究多年,他认为,"阅读推广是图书馆服务的一种形式,其目标人群是特殊人群。阅读推广是活动化、碎片化的服务,其目标在于使不爱阅读的人爱上阅读,使不会阅读的学会阅读,使阅读有困难的人跨越阅读障碍"❸。基于这样的理论基础,我国阅读推广实践工作虽已倡导并开展多年,但各馆的活动情况普遍处于杂乱、无序、零散的状态,如何明确阅读推广理论根源、梳理阅读推广的类型与边界、探索适合各类人群的阅读推广服务策略、优化图书馆阅读环境设计和阅读资源配置、推进阅读推广活动的策划与实施、培养阅读推广人力资源、组织阅读推广项目评估等问题仍有待深入研究。

三、阅读的实现与意义

从阅读的发生原理与实现机制不难看出,阅读实质上是一种认知过程,其中主体与客体相互影响,读者是阅读的主体,文本是阅读的客体。阅读过程的实现除了受到主体的主观能动性(即阅读需求、阅读能力)与客体的现实存在(如阅读资源的获取质量与数量)影响外,阅读的实现效果还受到外在影响因素的制约。阅读的影响因素包括:功能与价值层面,如宗教信仰、道德修养、民族精神等;社会意识与时尚层面,如政治意识、群体意识、时尚等;环境与教育层面,如经济、图书馆、出版业、社区与家庭、教育

---

❶ 于良芝,于斌斌.图书馆阅读推广——循证图书馆学(EBL)的典型领域[J].国家图书馆学刊,2014(6):9-16.

❷ 范并思.阅读推广的理论自觉[J].国家图书馆学刊,2014(6):3-8.

❸ 范并思.阅读推广与图书馆学:基础理论问题分析[J].中国图书馆学报,2014(5):4-13.

等❶。自古以来,人类从有了书籍起便从未间断地开展关于阅读的研究,其目的是要从各种角度、通过多种方式突破阻碍阅读活动的一切藩篱,实现社会的繁荣与人类的全面发展。

从某种意义上说,人类的历史就是知识的积累、传播和创新的历史。在这一宏大的历史发展过程中,阅读始终伴随着社会文明的薪火相传与文化发展的起伏跌宕。虽然对于个人而言,微观阅读过程的实现存在诸多干扰与困难,但是人们仍坚定不移地选择了这种方式,这是因为阅读具有其他社会活动无法替代的价值。阅读的现实意义在于:从宏观角度出发,有助于提升社会整体文明程度与文化水平;从微观角度来看,有利于提高个人文化素养与综合能力。

从宏观角度来看,阅读是一个民族的希望,是一个民族文明传承和文化发展的希望,更是图书馆事业赖以生存和发展的命脉❷。人类通过阅读接受教育、发展智力、获得知识信息,社会阅读文化关系到整个社会的文化品质和可持续发展潜力。道格拉斯·韦普尔斯(Douglas Waples)、伯纳德·贝雷尔松(Bernard Berelson)和富兰克林·R.布兰德肖(Franklyn R.Bradshaw)在《阅读对人们起了什么作用》一书中提到,阅读对社会具有工具的、声望的、加强的、审美的和休闲的作用❸。中国自古有耕读传家的传统,国外也非常重视营造家庭阅读氛围和培养儿童阅读能力。因为家庭阅读将影响下一代的阅读能力甚至生存能力,决定了社会教育的普及程度。营造良好的社会阅读风气,将有助于提高公众的文化教育水平。中国教育学会副会长朱永新说过:"一个民族的精神及未来的发展,在很大程度上取决于这个民族对阅读的热爱程度,因为一个人的精神发育史就是一个人的阅读史,一个人的气质和社会责任感,在很大程度上决定于这个人是不是能认真读书。

❶ 王余光,汪琴.关于阅读文化研究的几个问题[J].图书情报知识,2004(5):3-7.

❷ 王余光.阅读的个性、文化性与社会性[J].高校图书馆工作,2009(1):1-2.

❸ 范凡.芝加哥学派的阅读研究[J].高校图书馆工作,2007(2):18-22.

不同的国家和不同的民族,其竞争力也取决于国民的阅读状态"❶。书籍是
人类文化传承的载体,阅读是知识积累与延续的过程。人类通过阅读获取
知识,并通过知识创新进一步促进人类社会的繁荣与发展。

从微观意义上分析,阅读有利于提高个人文化素养与综合能力,是一
个寻求完善、独立自我与品格的最好途径❷。苏联著名教育实践家和教育
理论家苏霍姆林斯基(Васи́лий Алекса́ндрович Сухомли́нский)认为,"真正
的阅读能够吸引学生的理智和心灵,激起他对世界和对自己的深思,迫使
他认识自己和思考未来。没有这样的阅读,一个人就会受到精神空虚的威
胁。"❸信息网络技术的飞速发展与无线终端的广泛普及使数字阅读、网络
阅读大为盛行,并已渗入人们的日常生活,阅读变得无处不在、异常容易。
人们通过阅读积累知识,丰富精神世界,创造财富,走向文明,实现个人的
自由发展。尤其是随着权利时代的到来,公民权利意识觉醒,普遍会选择
通过阅读达到自我学习、素养提升和终身教育的目的,从而增加社会话语
权与民主参与度,提升社会竞争力。更为重要的是,阅读对于儿童的智力
开发与学习能力发展具有重要的推动作用。根据相关调查显示,增大阅读
量可显著提高阅读理解成绩;更多进行自由阅读的儿童,拥有更大的词汇
量及更强的推测生词含义的能力。少儿时期的阅读能力奠定了日后进行
社会学习、社会教育能力的基础,将影响人们一生的精神活动与个人发展。

可以说,阅读是一种生活态度,可以锻炼独立思考和解决问题的能力;
阅读是一种工作责任,经常性、大量的阅读有助于更好地掌握读书技巧,迅
速提高理解能力和思考能力;阅读是一种精神需求,能够提升个人文化素
养,丰富灵魂。因此,应当把阅读作为社会生活的一部分,大力倡导,从而
实现人类文化进步与社会发展。

---

❶ 王余光,汪琴.关于阅读文化研究的几个问题[J].图书情报知识,2004(5):3-7.

❷ 王余光.让阅读成为我们生活的一部分[J].中国图书馆学报,2006(5):17-19.

❸ 汪少林等.书的知识手册[M].南昌:百花洲文艺出版社,1990:236.

第二节　阅读权利相关概念❶

一、阅读权利的起源与发展

理顺公民阅读权利的概念,是保障公民阅读权利被平等、自由地享有的基础。国内图书馆界对于公民阅读权利的提法较少见到,对其概念的寻踪可从与之相关的文化权利、信息权利、图书馆权利、读者权利及受教育权利5个方面着手,将其置于公共文化服务系统、信息生产、传播、获取、保存等过程中梳理公民阅读权利概念的演变情况,进而在视角的融合与协同中界定公民阅读权利的内涵及外延。

(一)文化权利

公民阅读权利是文化权利的一项重要内容,对文化权利的梳理有助于从本质上挖掘公民阅读权利的内涵。对于文化权利的研究,经历了从"文化权利"内涵解读、文化权利与公共文化服务体系、公共图书馆事业的关系梳理到保障文化权利的具体实践的过程。蒋永福认为,"文化权利是中国图书馆行业的核心价值,其可分为平等服务、保存与共享、促进阅读、包容与民主4个范畴,建设公共文化服务体系是保障公民文化权利的基本途径,而公共图书馆属于公共文化服务体系中的公共文化基础设施之一"❷。

(二)信息权利

公民阅读权利是信息权利的一种表现形式。对于信息权利的研究,国内图书馆界多从对国外的相关权利法案的研究入手,由此解读信息权利的内涵,并从信息自由、信息公平、图书馆精神等多个理论视角去深入探讨信息权利的外延,通过图书馆制度、信息公开、政府职责等途径践行保障信息

---

❶ 张春春.公民阅读权利的概念演变、协同与发展[J].图书馆,2016(8).

❷ 蒋永福.文化权利、公共文化服务体系与公共图书馆事业[J].国家图书馆学刊,2007(4):16–20.

权利的对策。范并思提出了立法领域的两种信息权利观:信息生产者或者拥有者的信息权利和信息使用者的信息权利,即知识产权立法的主要目的是保护信息生产者或者拥有者的权利,而政府信息公开立法的主要目的是保护公民获取信息的权利[1]。蒋永福认为,信息权利就是人们从事信息的自由获取、自由生产和自由传播活动的权利;与信息公平的关系角度来看,信息公平的实质是信息权利的平等,而信息权利的目的在于保障信息公平[2]。

(三)图书馆权利

图书馆权利是保障公民阅读权利的手段,公民阅读权利的实现是图书馆权利的体现。图书馆权利的研究历程大致与信息权利相似,只是图书馆权利的实现手段更丰富,如衍生出了免费开放、无障碍服务、总分馆体系、法人治理结构等关键内容。其中,对图书馆权利的定义形成了三种主要观点:程焕文认为,图书馆权利是民众的图书馆权利,是民众利用图书馆的平等与自由[3];李国新认为,图书馆权利是图书馆保障利用者的权利[4];范并思认为,图书馆权利分为两种:社会立场上的图书馆权利和馆员立场上的图书馆权利,即以保障公民信息权利目标维护图书馆人的职业权利[5]。

(四)读者权利

将公民阅读权利限定于图书馆范围内可以狭义地将其理解成为读者权利。目前,对读者权利的研究主要集中于读者权利的内涵、读者权利保障、读者权利与图书馆服务、读者权利意识等方面。程亚男认为,读者权利的实现受制于社会差别的存在,所以公民阅读的应然权利不同于实然权利,

[1] 范并思.论图书馆人的权利意识[J].图书馆建设,2005(2):1-5.

[2] 蒋永福,李京.信息公平与公共图书馆制度[J].国家图书馆学刊,2006(2):50-54.

[3] 程焕文,周旭毓.权利与道德——关于公共图书馆精神的阐释[J].图书馆建设,2005(4):1-4,42.

[4] 李国新.图书馆权利的定位、实现与维护[J].图书馆建设,2005(1):1-5.

[5] 范并思.论图书馆人的权利意识[J].图书馆建设,2005(2):1-5.

要正确认识图书馆服务中的区别对待,需要在承认需求差别的基础上解决好服务的公平问题❶。

(五)受教育权利

公民阅读权利本质上属于受教育权利的范畴,保障公民阅读权利是受教育权利实现的手段。对于图书馆读者的受教育权利的研究,多集中于探讨公共图书馆的社会教育职能及高校图书馆读者受教育权利受阻的成因及对策研究,如赵兰玉认为,阻碍读者受教育权利实现的主要因素是受教育的条件无法保证及受教育机会不平等,应通过树立依法治校理念、建立监督审查机制、培养读者维权意识等策略加以解决❷。

二、阅读权利的界定

自古罗马在"私法"中首次提及"权利"一词起,众多学者为其下过不同的定义,可谓"一千个人眼中有一千个哈姆雷特"。伊曼努尔·康德(Immanuel Kant)在谈及权利的定义时说,"问一位法学家什么是权利就像问一位逻辑学家什么是真理那样会让他感到为难,他们的回答很可能是这样,且在回答中极力避免同义语的反复,而仅仅承认这样的事实,即指出某个国家在某个时期的法律认为唯一正确的东西是什么,而不正面解答问者提出来的那个普遍性问题。"❸美国著名哲学家费因伯格(Joel Feinberg)则认为,给权利下"正规的定义"是不可能完成的,他把权利概念当作"简单的、不可定义的、不可分析的原始概念"❹。因此,与其在踯躅于如何为公民阅读权利下定义的迷途中,不如另辟蹊径,从上述与公民阅读权利相关的概念入手,梳理、总结出共性的权利要素,以此来求得对公民阅读权利问题的深入剖析与完整解读。

❶ 程亚男.读者权利:图书馆服务中一个不容忽视的问题[J].图书馆论坛,2004(6):226-229.

❷ 赵兰玉.法治视角下读者受教育权的维护[J].晋图学刊,2008(4):14-15,21.

❸ 康德.法的形而上学原理[M].北京:商务印书馆,1991:39.

❹ Joel Feinberg.The Nature and Values of Rights[J].Journal of Value Inquiry,1970(4):243-244.

（一）利益（Interest）

任何一项权利之所以能存在并被世人所认可，一定是保护了某种利益，即权利始于利益，从某种意义上说，可将利益视为权利的基础。然而，是否任何利益都应被保护并视为权利呢？答案一定是否定的。利益有正当的和非正当的之分，卡尔·马克思（Karl Marx）曾指出："利益就其本性来说是盲目的、无止境的、片面的，它具有不法的本能。"❶因此，权利是保护某些人的正当利益。

显而易见，公民阅读权利是保障公民满足阅读需求的一项基本权利。在公民阅读权利的保护下，公民能够享有多少利益？其利益分配的方式如何？公民阅读权利是指最重要的阅读权利，最低层次需求的阅读权利，还是现有社会资源可保障的阅读权利？对这些问题的解答有助于我们对公民阅读权利准确定位。如果公民阅读权利指的是用于保障公民最重要的阅读需求的权利，那么将意味着阅读权利分为最重要的、重要的、不重要的等多个层级，那么如何分级，其分级标准与依据是什么，不同层级的阅读权利的主体怎么划分等问题将使"公民阅读权利"的概念更加模糊，甚至将其带入争议之中。如果公民阅读权利指的最低层次需求的阅读权利，那么依照马斯诺的需求层次理论，最低层次需求为生存需求，而阅读需求主要是为了满足人们精神追求的，直接涉及生存需求的内容较少，因此，此种理解显然在理论上是没有操作空间的。因而，公民阅读权利应该这样理解：既是最重要的阅读权利，也能够满足公民最低的精神文化需求的阅读权利，同时也是在现有社会资源的条件下通过合理配置能够实现的权利。

（二）主张或要求（Claim）

一种权利需要权利主体对其某种利益进行主张或者要求，从某种意义上来说，主张可能成为一种对权利的外在表达。这里的主张即表示权利主体的一种需求，而这种需求如果能被满足，首先其一定不能影响到其他个

---

❶ 马克思，恩格斯.马克思恩格斯全集：第1卷[M].北京：人民出版社，1956：179.

体对自身需求的实现;同时,每个个体的主张之间只有互相平衡且相互协调,才能形成某种惠及全民的权利。

公民阅读权利的主体是公民,其依法享有权利并承担义务。如何能让某些人的公民阅读权利的主张得以实现又不影响其他人满足自身的需求?在保障公民阅读权利的过程中,保证基本公共文化服务体系建设的均衡是关键,其中,均衡不等同于无差别,而是通过差异化的保障手段来完成无差别的权利实现。因此,这里的均衡指的是公民阅读权利实现的效果,其实现手段可以、甚至是必须有所不同。

(三)资格(Entitlement)

权利主体提出自身利益主张的时候要有所依据,换句话说,要有提出利益主张的条件,那么这个依据或者条件即为资格。资格可分为两种,一种是法律环境下的资格,一种是道德或者习俗环境下的资格。具备这两种环境下资格的利益主张,可被视为正当的。资格是提出利益主张的前提条件,利益主张则是形成权利的一种表述方式。

我国自古就有关于"好书""坏书"的定义,特别是秦朝在建立专制主义政治体系的背景下,更是采取了"焚书坑儒"的极端偏激性的手段来阻止阅读对民众的影响,在那样的政治背景下,影响其政治统治的阅读,被认为是不正当的。如今,随着社会的发展,人们对于阅读有了理性、客观的认识,更有专家学者对"人有好恶,书无好坏"的论题进行了激烈的辩论,对于公民阅读权利的利益主张日渐形成了积极的道德或者习俗环境,《关于加快建设现代公共文化服务体系的意见》《全民阅读促进条例》等政策更是为阅读权利的实现营造了较充分的法律环境。因此,对于公民阅读权利来说,其拥有提出利益主张的资格。

(四)力量(Power)

权利主体对利益的诉求表达需要力量,权利的最终实现也需要力量。就权利的形成与实现过程来看,力量也可以从权威与能力两个方面来获得。权威多源于自身所拥有的权力,为内生力量;而能力多为后期的努力与争取,为外生力量。不具备力量的权利实现征途必然是坎坷且容易"夭折"的。

从某种意义上说,公民阅读权利的实现过程即为公民对于阅读的精神需求得到满足的过程。那么,政府对于公民来说具有保障其阅读权利得以实现的内生力量,这种权威应体现在对阅读困难群体的通过倾斜性手段的扶持;同时,对于民众来说,自身的阅读能力也决定着其对于公民阅读权利的享有,特别是在阅读资源合理配置的情况下,阅读能力的高低确定其享有的公共文化资源的多少。

(五)自由(Freedom)

自由作为权利的要素之一,通常是指权利主体按照个人的意愿不受任何干涉地行使自己的权利。这里的自由一定是法律条件下的、正当的自由,是受法律约束的自由,任何超出法律范围的、不正当的行为,都不能受到法律保护。某些行为游离在法律之外,但其也无法免于受到道德和习俗的制约,被道德和习俗否定的行为,同样被认为是不正当的,是不能"被自由"的。德国著名哲学家格奥尔格·威廉·弗里德里希·黑格尔(Georg Wilhelm Friedrich Hegel)认为:"法的基地一般说来是精神性的东西,它的确定的地位和出发点是意志。意志是自由,所以自由就构成了法的实体和规定性。至于法的体系是实现了的自由王国……"❶由此看来,自由也可为权利的目的。

平等和自由可被看成是构成公民阅读权利的基本理念,显而易见,自由是权利实现的终结目标。当民众能够自由地获取所需公共文化资源时,各个群体间的利益处于平衡状态,各种阅读需求都找到了能够被满足的途径,用于保障公民阅读权利的法律政策健全。这是一种理想的状态,也是公民阅读权利倡导者和推动者的终极目标。

---

❶ 黑格尔.法哲学原理[M].北京:商务印书馆,1961:10.

三、阅读权利的实施与保障

近年来,我国在保障公民阅读权利方面工作取得一些成绩,也可以说,我国公共阅读服务机构正处于历史性的绝好发展时机。2013年全国"两会"期间,115位政协委员联名签署了《关于制定实施国家全民阅读战略的提案》,建议政府立法保障阅读、设立专门机构推动阅读。该提案明确提出了"由全国人大制定《全民阅读法》、国务院制定《全民阅读条例》"的建议。该建议认为,为全民阅读立法,就是以法律法规的形式将推动全民阅读工作纳入法制化轨道,确定政府为促进全民阅读的责任主体。随后,一些省市陆续出台了地方性的全民阅读促进办法或者条例,如《深圳经济特区全民阅读促进条例(征求意见稿)》《湖北省全民阅读促进办法》《江苏省人大常委会关于促进全民阅读的决定》等。这些办法或者条例在保障公民阅读权利方面起到了积极的作用,也使"公民阅读权利"的概念在现实的土壤中更加丰盈。

上述对公民阅读权利的学理性分析是公民阅读权利的应然状态,即理想的、永恒的一种状态。然而,在实践层面难免存在一些偏差,在发展的道路上偶尔也会出现回退的现象,这就需要我们以应然状态为标准不断地修正实然状态,促进全民充分享有公民阅读权利。以公民阅读权利的应然状态为衡量标准,我国保障公民阅读权利的实践还存在着如下一些问题。

(一)利益失衡:公共阅读服务体系发展不均衡

目前,我国公共阅读资源呈现出明显的非均衡状态,尤其是区域间、城乡间、行业间,以及群体间的差距较大。从整体上看,公民阅读权利的实现情况,利益格局与资源配置出现了明显的倾斜。根据上述学理性分析,利益的保障与平衡是构成公民阅读权利的基础,而资源配置是使权利主体获得利益的前提。对于这种失衡的状态,政府具有绝对的主动权,这种主动权主要源于权力对权利的分配。首先,在基本公共文化服务体系的建设中,政府可以通过财政转移支付等手段,以倾斜性的政策去扶持老少边穷地区及弱势群体,通过阶段性的推进,使公民阅读权利的分配趋向均衡;其次,政府应对现有的公共阅读资源进行重新整合与分配,目前我国现有公共阅读资源总量并非绝对不足,而是现有资源配置的无效造成貌似资源短缺的现象,所有的资源配置,特别是基层公共阅读机构的资源配置,必须深入基层,认真调研,避免出现所给非所需的现象。

(二)主张缺失:弱势群体的公民阅读权利缺失

弱势群体往往在阅读资源的占有、获取、使用等方面处于劣势,如未成年人、残障人士、偏远地区的人民等。他们由于年龄、身体缺陷、地理位置等方面的原因,不具备对自身阅读权利进行利益主张的能力,这造成利益主张缺失;同时,他们所拥有的公共阅读资源很有限,这也进一步阻碍了其自身阅读能力的提升,使其逐渐被边缘化。其中,我们尤其应关注农村留守儿童及进城务工人员子女的阅读权利保障问题。2015年3月2日,国家新闻出版广电总局发布了《关于开展2015年全民阅读工作的通知》,提出了2015年全民阅读工作的11个重要方面,其中第七条明确规定:"保障重点群体基本需求。要着力保障未成年人、农村留守儿童、进城务工人员子女及残障人士等重点群体的基本阅读需求。"❶基于《通知》的指导方向,我们可以从几个方面加强工作:以偏远地区儿童为阅读服务重点,深入基层,考察实际所需,制定有针对性的阅读帮扶策略,并贯彻落实,同时还应关注服务后的反馈,以便根据实际情况适时调整策略;关注农村留守儿童及进城务工子女的心理问题,结合阅读疗法,提供能为其解决具体生活问题及心理问题的图书,并组织志愿者以传递爱为依托提供阅读服务;提供更加丰富的无障碍活动,使更多的残障人士走进图书馆,参与社会活动。

---

❶ 关于开展2015年全民阅读工作的通知[EB/OL].[2015-07-03].http://www.gapp.gov.cn/news/1663/245444.shtml.

(三)力量不足:尚未形成全民阅读的良好氛围

根据中国新闻出版研究院2015年发布的《第十二次全国国民阅读调查报告》显示,2014年我国国民人均纸质图书阅读量为4.56本,美国为7本左右,日本为8本左右,韩国为11本左右。从总体上来看,我国整体阅读水平与发达国家相比还存在一定的差距。从阅读形式看,与2013年相比,期刊和电子书的阅读量均有所提升,纸质图书和报纸的阅读量均有不同程度的下降。值得关注的是,我国成年国民人均每天微信阅读时长超过26分钟,数字阅读率首次超过了传统阅读率❶。从调查结果中我们可以发现,社交阅读已成为推动全民阅读的有力推手,并且以碎片化、浅阅读为主,对传统阅读方式的接触率已开始出现下滑趋势。我们不得不说,近几年我国对全民阅读的推行,确实取得了阶段性的成果,但是也不得不警惕,数字阅读对传统阅读影响,我们无法评价这种影响是好是坏,但是可以确定的是,传统阅读的系统化、深阅读是不能被取代的,浅阅读与深阅读、系统化阅读与碎片化阅读协调发展才是我们应该思考并积极解决的问题。这就需要我们在倡导全民阅读的同时不能忽略经典阅读的作用,在推动全民阅读向前发展的同时更要关注其具体的发展方向,对于有失偏颇的地方应及时调整,这样才能使全民阅读形成良好的氛围。

(四)推广有限:阅读能力有待提高

阅读能力的高低直接影响人们对公共阅读资源的使用及公民阅读权利的实现,这又可分为由主观对阅读的不重视而引起的阅读能力低下及由客观条件引起的阅读能力低下。对于第一种情况,最主要不是为其提供什么样的、提供多少公共阅读资源,而是应该提高对阅读意义的普及和宣传,公共阅读机构应结合自身的优势,开展形式多样的阅读推广活动,达到"至少有一种阅读推广方式能够打动你"的效果,以激发阅读意识,进而通过主观

---

❶ 中国出版网.2015年全民阅读调查报告[EB/OL].[2015-07-03].http://www.chuban.cc/yw/201504/t20150420_165698.html.

能动性来实现阅读能力的提高。第二种情况多发生在阅读困难群体中,这需要公共阅读机构根据阅读困难群体各自的困难,制定有针对性的阅读推广策略,在为其服务时应做到耐心、仔细、积极,甚至不能受服务场所所限,主动地"走出去、迎进来"。

(五)基础不牢:阅读立法困难重重

2013年,全民阅读立法进入国家立法工作计划。此后,深圳、江苏、湖南等地都先后提出了地方性全民阅读促进办法或者条例,阅读立法在我国虽然仍处于起步阶段,但发展速度较快。在全国各地在如火如荼的筹划或者践行自己的全民阅读促进条例的同时,我们也听到了民众的一些质疑:阅读也要立法吗?不读书是否要治罪?读书是私人行为,政府对私人行为的干涉是否合理?全民阅读促进条例是否具有可操作性?从民众的质疑声中,我们可以窥见阅读立法的民众基础并不牢靠,这种质疑的产生源于对阅读立法的宣传与解释不足,及缺少深入基层的调研。从《深圳经济特区全民阅读促进条例(草案)》《湖北省全民阅读促进办法》《江苏省人大常委会关于促进全民阅读的决定》来看,它们存在一些共性问题:阅读立法体例尚完整,内容不足;倡议性的内容多,具体实施策略少,等等。如何摆脱阅读立法目前面临的困境呢?我们应完善民众参与阅读立法的体制机制,优化民众参与阅读立法的途径;完善阅读立法的反馈机制,广泛征求社会各界对阅读立法的意见和建议;深入基层调研,使阅读立法落到实处,夯实民众基础;提升政府为民众服务的能力,鼓励社会力量监督。

第三章　阅读困难群体研究的基本问题

阅读困难有两层含义：一是指难以自我阅读或者获得社会阅读媒介提供阅读的条件；二是指处于尚无阅读自觉或者习惯和缺少应有阅读能力的状态。不同程度的阅读困难导致部分社会群体处于权利劣势、资源劣势、生存劣势的社会边缘地位。联合国教科文组织创新、文化产业和版权部负责人戴奥克拉奥（Milagros del Corral）女士针对长期以来在阅读中存在的不平等，提出"我们必须保证让世界上每个角落的每个人都有书读"[1]。因此，探寻阅读困难的成因、界定阅读困难群体的构成、帮助阅读困难人群实现良好、畅通的阅读，是当代政府和社会及图书馆学研究应予以热切关注的问题。

第一节　阅读困难与阅读障碍

在国外阅读学、心理学、医学研究语境中，"dyslexia"一词既指阅读困难，也称阅读障碍症，是一种神经行为疾病，表现为先天性学习障碍。"dyslexia"一词来源于希腊语，"dys"的意思是"困难"，lexis 的意思是"字""词"[2]。本书中的阅读困难（reading difficulty）是相对广义的概念，既包含了阅读认知障碍（传统意义上的阅读障碍症或者阅读困难症），又包含了阅读行为困难（主要指阅读行为难以实现）。下文将重点探讨阅读认知障碍与阅读行为困难二者之间的区别与联系。

---

[1] 上海图书馆.让阅读成为我们生活的一部分[EB/OL].[2015-07-03].http://www.libnet.sh.cn/yjdd/list.asp?id=3864.

[2] 罗岚.中学生英文阅读障碍成因的分析[D].南昌：江西师范大学硕士学位论文,2006.

一、阅读认知障碍

阅读障碍症（dyslexia 或者 reading disability），又称"失读症""读写困难"，是因脑损害而造成的获得性阅读能力丧失，特征是在语言处理、音韵辨识和解码书面文字方面存在困难，具体表现为认字、阅读、写作和拼写的问题，一般是指不能进行正常阅读的状况❶。最早对于阅读障碍症的研究始于1891年，德杰林（Joseph Dejerine）首次对阅读障碍症提供了详尽的临床和病理学的调查报告，报告中描述了一例因中风而致失语、失读和失写的病人，虽然在若干年后其严重的语言障碍已经消除，但阅读能力依然严重丧失。这个病人去世后做尸体解剖时发现，在其左顶、颞、枕部的角回处有一个很大的梗塞区。后来欧洲和英国临床医生的一些报告都证实了德杰林的观察，证实了他提出的可能导致阅读障碍症的病因。其后，德雷克（Drake）于1968年、加拉伯达和肯珀在1979年都通过对阅读障碍症患者大脑的尸检研究，提供了阅读障碍症确有神经病学基础的可信证据。德雷克（Drake）发现，他的患者有胼胝低萎缩、白质内有许多异位神经元、在顶叶中存在着异常的脑回形式。加拉伯达和肯珀发现，他们所检查的脑在左、右颞平面间缺乏正常的不对称性，并且观察到在已知是行使阅读和语言功能的区域有微脑回过多的现象；显微镜检查发现分子层融合，不存在无细胞层，且发育异常。其他研究人员经计算机断层扫描发现，阅读障碍症患者的脑部还有半球间正常不对称性发生反转的证据❷。普遍来看，阅读障碍症患者一般在智力上与普通人差别不大，有的甚至智商会高出普通人，但是他们往往存在阅读和写作等文字处理方面的困难，如对于文字或语句的识别问题等。阅读障碍症患者的表现形式较为多样，而且成因较为复杂，人群总体特征显示出极大的异质性。目前学术领域对于阅读障碍症的

---

❶ Björklund M.Dyslexic Students: Success Factors for Support in a Learning Environment［J］.The Journal of Academic Librarianship，2011，37(5)：423–424.

❷ 失读症阅读困难［EB/OL］.［2015-07-24］.http://www.docin.com/p-361266220.html&key=%E5%A4%B1%E8%AF%BB% E6% 80%8E%E4%B9%88%E6%B2%BB.

概念尚未达成一致的共识,我们可以从相关国际组织以及学者的界定中大致了解阅读障碍症的概念。

国际阅读障碍症协会(International Dyslexia Association,IDA)对阅读障碍症进行了如下定义:阅读障碍症又称读写困难症、读写障碍症,是一种源于神经系统的特殊学习障碍,其特点是无法进行准确流利的单词识别,且拼写与解码存在困难。这种特殊学习障碍,最初表现为对语言中音韵部分的感知能力弱于其他认知能力,并在无法达到有效的课堂学习效果后慢慢演变为阅读理解的困难,致使阅读体验过程减少,从而阻碍了词汇及背景知识的增长[1]。

美国《精神障碍诊断与分类手册》第三版修订本(DSM-m-R)将阅读障碍的基本表现定义为:显著的识字和阅读理解缺陷,并且该缺陷无法用精神发育迟滞或者不充分的学校教育来解释,也不是由视觉或者听觉缺陷或者存在着的神经系统疾病所致;该缺陷口头阅读的特点是省略、歪曲及替代或者阅读速度缓慢而不连贯,阅读理解相应也受到损害[2]。

哈里斯(T.L.Harris)和霍奇斯(R.E.Hodges)于1981年对于阅读障碍提出了一条比较广为接受的定义:阅读障碍是指儿童尽管在视力、听力、智力、与年龄相应的语言能力方面均为正常,但不能阅读,这种能力丧失的原因推测为神经损害引起,而且不能归因于继发因素如环境或者社会的影响[3]。

里昂(Lyon)在1995年给阅读障碍症下的定义是:阅读障碍症是学习障碍(learning disorder)的一种,是特殊的语言障碍,表现出明显的单词解码困难,反映了不充分的语音加工,并且这些困难不是由于年龄或者其他认知、学业能力问题引起的,也不是一般发展性障碍或者感官损害的结果[4]。

---

[1] What Is Dyslexia?[EB/OL].[2014-03-24].http://www.interdys.org/FAQWhatls.htm.

[2] 李静.幼儿阅读困难个案研究[D].南京:南京师范大学,2003.

[3] 赵微.汉语阅读困难学生语音意识与视觉空间认知的实验研究[D].上海:华东师范大学,2004.

[4] Lyon G R.Toward a Definition of Dyslexia[J].Ann Dyslexia,1995,45:3-27.

格达·尼尔森（Gyda Skal Nielsen）认为，阅读障碍症是一种原发性的复合型神经性疾病，具体表现症状为在无明显生理性缺陷的情况下在数字计算、短时记忆、方向、听知觉、视知觉和运动技巧方面有困难，是一种特殊的学习（阅读、拼写和书写中的一种或者多种）障碍❶。

从上述定义，我们可以归纳出几种具有代表性的阅读障碍的定义模式：一般定义（General definition）、涵盖式定义（Inclusionary definition）、排除式定义（Exclusionary definition）等❷。一般定义（Halris，Hodges，1981）指出，阅读障碍包括阅读中发生的任何困难，不论强度如何、成因如何；涵盖式定义（Wheeler Watkins，1979）则把那些具有正常智力但却存在普遍性语言缺陷的儿童视为阅读障碍儿童；排除式定义（Perfetti，1985）认为，阅读障碍是指那些具有正常及以上的非言语智力，在教育机会、社会环境、经济条件、学习动机或者情绪方面与他人没有明显差异，但阅读成绩与其智力所应达到的水平明显落后的人群。需要强调的是，在目前所有定义中，最具权威、也是最常见的被运用于认知心理学研究的是由世界卫生组织对阅读障碍进行界定的排除式定义❸。

二、阅读行为困难

阅读行为困难是相对于阅读认知障碍而提出的，主要是指因无法或较难自我实施阅读或者缺少社会阅读媒介而导致的阅读行为无法有效实施。从根本上分析，阅读行为困难的致因较多，具体包括：因缺乏阅读动机而导致的无阅读行为（如缺少阅读需求，缺少阅读自觉意识与习惯），因自身行为能力不足而导致的阅读困难（如盲人、老年人存在视力障碍），因外界环境干扰而导致的阅读行为实施困难（如缺少良好的阅读环境与氛围），因阅

---

❶ Gyda Skal Nielsen，Birgiua Irvall.Guidelines for Library Services of Persons with Dyslexia［R］.IFLA ProfessionalReports，2001.

❷ 邹艳春.汉语学生发展性阅读障碍的信息加工特点研究［D］.广州：华南师范大学，2003.

❸ 邹艳春.汉语学生发展性阅读障碍的信息加工特点研究［D］.广州：华南师范大学，2003.

读资源获取困难而导致的阅读行为无法充分开展（如缺少获取阅读资源的
途径、媒介、技能等）。由此来看，阅读行为困难群体在社会上广泛存在，涵
盖了老年人、儿童、残疾人、农民、偏远地区居民、城市低收入者等。

　　阅读行为困难不单单影响阅读行为的实施，同时还影响个人的生存和
发展及社会的和谐与进步。一个人的阅读能力和信息资源拥有量不仅深
刻地影响着个体精神生活的富有程度，而且在很大程度上决定了其财富拥
有量、社会地位、社会参与程度、公共话语权、教育资源获得程度等诸多方
面。阅读行为困难将导致阅读效果较差甚至行为无法实施，这将造成阅读
者的信息与知识获取困难，使其处于信息劣势地位，加重其经济贫困程度，
使其丧失发展机会。从社会层面来讲，阅读是积累知识、传播知识、创造知
识的重要途径，人类阅读行为无法有效实施将直接影响整个社会的受教育
程度与文明程度，甚至影响社会的进步与文化的传承。

三、关于阅读困难的进一步说明

　　从上述对阅读认知障碍与阅读行为困难的解释中，我们不难看出，阅
读认知障碍是阅读者自身存在的身体机能缺陷而导致的阅读行为无法实
施，而阅读行为困难是客观、外在的因素制约阅读行为的实施。二者既有
区别又有联系。

　　第一，阅读困难涵盖阅读认知障碍与阅读行为困难。阅读认知障碍是
大脑综合处理视觉和听觉信息时无法协调而引起的阅读和拼写障碍，是一
种源于神经系统的特殊学习障碍，其特点是无法准确流利地识别单词，拼
写与解码能力存在困难[1]。"阅读障碍"主要是由于某些神经系统的损害所
造成的阅读能力丧失；相对而言，"阅读困难"一词往往指先天性地不能学
会阅读或者后天性地不能有效进行阅读。虽然"阅读困难"一词最早由医
学领域提出，但许多教育工作者和心理学家更愿意用"发育性阅读障碍"来
描述。其实，当描述一种推测为具有神经病学起因的阅读能力丧失时，用

---

[1] 陈万会.中国学习者二语词汇习得认知心理研究[D].上海：华东师范大学，2006.

阅读困难一词最为适当❶。可见,阅读认知障碍强调对于文本的理解困难,而阅读困难更加注重阅读行为的实施障碍,即阅读行为在实施过程中所面临的一切来自于阅读主体、客体、外在环境的阻碍,涵盖了阅读认知障碍与阅读行为困难双重内涵。也就是说,阅读认知障碍群体与阅读行为困难群体都存在阅读困难。

第二,阅读认知障碍有相应的判断标准,阅读困难较难识别。由于阅读认知障碍是一种心理学病症,可以通过一系列的指标来判断是否具有阅读障碍以及阅读障碍的程度。例如,有研究认为,初步判断阅读障碍症的方式为"十二个特征",分别是:①阅读吃力,读错字;②阅读后不理解内容;③朗读不流畅,跳字、跳行;④逃避书写,书写困难,字体不工整,容易写错字;⑤抄写时间长,需要看一笔写一笔;⑥注意力集中时间短;⑦听课效率低,多动;⑧缺乏运动细胞,平衡感不好;⑨聪明,但是无法用于学习;⑩握笔姿势不良,系鞋带和使用筷子动作笨拙;⑪自信心低落,容易放弃;⑫人际关系处理不好,内向害羞或者性格急躁❷。以上12项中,符合其中6项,持续6个月,则有70%的可能性是阅读障碍症患者❸。然而,相对而言,阅读困难因其致因复杂、表现形式多样、群体范围广泛,较难加以区分与识别。例如,老年人群体在阅读过程中通常会遇到视力、听力等障碍,往往不会使用新兴技术来进行阅读(如网络媒介、移动终端等),可获得的阅读资源相对有限,但是不排除一些老年人因其所处的社会环境、受教育程度不同而不具备阅读困难的情况。

第三,阅读困难是一个相对概念。正如上文所述,阅读认知障碍有一定的衡量标准与判断依据,而阅读困难不存在统一、明确的判断标准,它是

❶ 失读症 阅读困难[EB/OL].[2015-07-24].http://www.docin.com/p-361266220.html&key=%E5%A4%B1%E8%AF%BB% E6%80%8E%E4%B9%88%E6%B2%BB.

❷ 王蓉,苏丽平,田花蔓,束漫.我国公共图书馆"读写障碍症"服务的调查与对策分析[J].图书情报工作,2014(12):64-70.

❸ 王蓉,苏丽平,田花蔓,束漫.我国公共图书馆"读写障碍症"服务的调查与对策分析[J].图书情报工作,2014(12):64-70.

相对于"阅读无困难"而言的。阅读困难群体"困难"在阅读能力与阅读资源获取上，即由于某些障碍（如地理位置、经济收入、受教育程度、年龄差距等）无法顺利、有效地实施阅读行为，满足阅读需求。与正常的阅读者相比，阅读困难群体呈现以下特点：其一，阅读困难群体往往阅读能力较低，缺少阅读需求与动机，精神生活匮乏，受教育程度有限，个人发展机会受限制；其二，依据社会分层理论，阅读困难群体通常处于社会分层体系中的下层或者底层，不仅经济收入微薄，而且政治话语权微弱，长期处于社会的弱势地位；其三，由于缺乏权威、便捷、高效的阅读资源获取渠道和途径，阅读困难群体可利用的阅读资源相对匮乏，而且往往由于经济能力有限，不能通过购买、租用等形式进行补充。

第二节　阅读困难群体的界定

一、现有研究对阅读困难群体的界定

国内关于阅读困难群体的研究目前尚处于起步阶段，学术界对于"阅读困难群体"认知主要有以下观点：王瑛琦认为，阅读困难群体是指那些在阅读文化上处于弱势地位的群体，其阅读障碍主要表现在阅读能力的缺失、阅读材料和基础服务设施的缺失、观念和文化环境的缺失三方面❶。王虹认为，阅读困难群体是由于遭遇某种障碍而得不到有益阅读，无法通过阅读获益的人群，其阅读困难一方面包括很难自我提供阅读或者获得社会阅读媒介提供阅读的条件；另一方面包括处于尚无阅读自觉或者习惯和缺少应有阅读能力的状态❷。张春春认为，阅读困难群体是指在信息社会发

---

❶ 王瑛琦.农村阅读困难群体的阅读需求与图书馆阅读关怀策略研究——国外研究扫描[J].国家图书馆学刊,2013(6):80-87.

❷ 王虹.图书馆阅读的行为角度研究——基于阅读困难群体问题的思考[J].图书情报知识,2014(1):83-89.

展中,由于个人文化水平、阅读技能等主观因素的影响,以及地理环境、社会地位等客观条件的限制,而无法获得或者不能及时获得所需的阅读材料,被排斥在阅读服务之外的那些在阅读文化上处于弱势地位的群体[1]。王政、洪伟达认为,阅读困难群体可分为"绝对阅读困难群体""相对阅读困难群体",其中前者是指基本阅读能力被剥夺了的社会群体,如视障人士、智障儿童等;后者是指基本阅读能力部分被剥夺或者某种程度上被剥夺了的社会群体,如老年人、农民工、不识字的妇女等[2]。李昊青认为,阅读困难群体是指在获取与利用阅读资源或者享有社会阅读服务和权益等方面其基本阅读能力和阅读境遇处于弱势地位或者被排斥状态的社会群体,其主要涉及文盲、半文盲、新识字的人群,老年人、低幼儿童、农民、城市低收入者和务工人员,以及因心理问题或者生理缺陷而构成阅读障碍的群体[3]。

依据上述定义,阅读困难群体不但是指由生理或病理等原因造成的阅读困难群体(如阅读障碍症群体普遍是由神经系统缺陷造成的),还包括那些在文化、技能、资源等方面处于弱势地位的社会性阅读困难群体(如老、幼、病、残等)。所以,阅读困难群体泛指那些因为受到生理、心理、观念、意识、技能、经济等个人主观因素及地域、教育、文化、资源配置等客观因素影响,而对个人的获取阅读资源、实施阅读行为、满足阅读需求、保障阅读权利造成障碍和不利影响,进而对个人的生存和发展造成不利影响的群体。大体来说,阅读困难群体的"困难"主要表现在三个方面:一是阅读能力缺失,如文盲或半文盲、无法使用现代阅读工具或者缺乏互联网使用基本技能与常识;二是阅读材料及基础服务设施缺失,主要指由经济、政治、社会、地理环境等因素造成的获取阅读材料和基础公共服务障碍;三是观念

---

❶ 张春春.基于图书馆信息生态系统的阅读困难群体服务路径研究[J].图书馆,2014(5):81-83.

❷ 王政,洪伟达.图书馆为阅读困难群体服务研究[J].图书馆工作与研究,2014(11):92-95.

❸ 李昊青.面向阅读困难群体的图书馆阅读资源配置机制研究——基于信息公平视角[J].图书馆建设,2015(8):49-54.

和文化环境缺失,是指因受教育程度和文化环境影响失去阅读兴趣和阅读习惯❶。

二、阅读困难群体的社会内涵❷

　　综合现有研究成果,我们不难发现,无论是内在技能因素与外在环境因素,还是主观因素与客观因素,都在一定程度上影响着阅读困难群体对阅读资源的占有与利用、对公共服务的提供与使用、对阅读权利的保障与维护等。而且这些因素无一不影响着阅读主体的阅读行为实施,缺失任何一个都会使阅读行为陷入窘境。因此,阅读困难群体的界定应从"困难"程度入手。

　　正如"困难"有"绝对困难"和"相对困难"之分,阅读困难群体也相应有"绝对阅读困难群体"和"相对阅读困难群体"之分。区分"绝对阅读困难群体"和"相对阅读困难群体"的关键在于主体的基本阅读能力的实现程度。按照阿玛蒂亚·森(Amartya Sen)的"基本可行能力"观点,基本阅读能力可以理解为主体能够具有自主选择阅读内容、方式、时间和空间的基本能力❸。因此,绝对阅读困难群体是指基本阅读能力被剥夺了的社会群体,如视障人士、智障儿童等;相对阅读困难群体是指基本阅读能力部分被剥夺或者某种程度上被剥夺了的社会群体,如老年人、农民工、不识字的妇女等,他们并不具有先天性阅读困难,而是因为其社会地位低下或者经济能力限制而无法获得社会阅读资源与服务。同上文对于"阅读困难"的界定一样,阅读困难群体是一个广义的概念,泛指相对阅读困难群体。

---

❶ 王瑛琦.农村阅读困难群体的阅读需求与图书馆阅读关怀策略研究——国外研究扫描[J].国家图书馆学刊,2013(6):80-87.

❷ 王政,洪伟达.图书馆为阅读困难群体服务研究[J].图书馆工作与研究,2014(11):92-95.

❸ [印]阿玛蒂亚·森.以自由看待发展[M].任赜,于真,译.北京:中国人民大学出版社,2002:1-3.

第三节 阅读困难群体的构成类型^❶

阅读困难群体是指阅读行为实施过程中由于遭遇某种障碍而得不到有益阅读或者无法通过顺利实施阅读,一方面包括难以提供自我阅读或者获得社会(他人)提供阅读的条件,另一方面尚无阅读自觉或者习惯阅读的能力❷。对于阅读困难群体构成类型的划分,岳景艳认为,从人的阅读能力、阅读兴致(意识)和获得阅读提供条件三个方面分解,阅读困难群体可分五种类型:一是有阅读愿望和一定阅读能力,而难以获得阅读提供的人群;二是有阅读愿望而缺乏某种阅读能力,则难以获得适合自己阅读方式的人群;三是既能获得阅读提供,也有阅读愿望,却不具备应有阅读能力的人群;四是既没有获得阅读提供的条件,也缺失阅读能力,更没有阅读愿望的人群;五是虽然能获得阅读提供,也有一定阅读能力,但缺乏阅读愿望和习惯的人群❸。

由于阅读困难群体是指基本阅读能力部分被剥夺或者某种程度上被剥夺了的社会群体,因此,根据限制基本阅读能力的影响因素,将阅读困难群体划分为三大类:①个人生理性因素导致的阅读困难,即因心理阅读障碍或者视力障碍等造成的阅读困难,如视障人士、智障儿童、阅读障碍症患者等,这部分阅读困难群体多为具有先天性阅读能力缺陷者或者丧失者;②自然环境性因素导致的阅读困难,即因地处偏远山区或者民族语言障碍造成的阅读困难,如文盲、不能掌握官方语言和文字的少数民族;③社会排斥性因素导致的阅读困难,如因无法获得足够的阅读资源造成的阅读困难,如老年人、农民工、肢体残障人士等。

---

❶ 王政,洪伟达.图书馆为阅读困难群体服务研究[J].图书馆工作与研究,2014(11):92-95.

❷ 王虹.图书馆阅读的行为角度研究——基于阅读困难群体问题的思考[J].图书情报知识,2014(1):83-89.

❸ 岳景艳.农村阅读困难群体与图书馆关怀对策[J].图书馆,2014(5):84-86.

一、阅读障碍症群体

阅读障碍症是大脑综合处理视觉和听觉信息不能协调而引起的一种阅读和拼写障碍症。阅读障碍症是一种源于神经系统的特殊学习障碍,其特点是无法准确流利地识别单词,拼写与解码能力存在困难。这种特殊学习障碍最初表现为对语言中音韵部分的感知能力弱于其他认知能力,并在无法达到有效的课堂学习效果后,慢慢演变为阅读理解的困难,致使阅读体验减少,从而阻碍了词汇及背景知识的增长[1]。作为一种隐性残疾,阅读障碍症受到了世界上许多国家和组织的关注和重视。欧洲阅读障碍症协会(European Dyslexia Association,EDA)的调查显示,全世界大约有8%的人患有阅读障碍症,其中2%~4%较为严重[2],阅读障碍症儿童的患病率占全体在校儿童的3%~5%[3]。

国内对于阅读障碍症的研究起步较晚,多为医学与心理学领域的研究。相关文献报告显示,我国阅读障碍症的患病率约为3.26%[4]。虽然从数量来看,阅读障碍症群体仍属于医学和心理学研究对象的小众,但是阅读障碍症群体中,绝大多数为学龄儿童。而且有研究表明,如果某人在一年级时就具有阅读障碍,那他有87%的几率在以后仍然是个阅读不良者[5]。同时,很多研究也都揭示了早期的阅读失败会严重影响将来的阅读能力。例如,施威茨(Shaywitz)等人1994年研究发现,如果阅读障碍儿童在9岁前没有被辨别出并进行治疗,那他们中至少有74%的人到高中时仍有阅读困难[6]。

[1] What Is Dyslexia[EB/OL].[2014-01-09].http://www.interdys.org / FAQWhatIs.htm.

[2] European Dyslexia Association.Incidence and Emotional Effects [EB/OL].[2014-03-24].http://www.edainfo.eu/en/ dyslexia-incidence-and-emotional-effects.html.

[3] 陈丹.西方阅读障碍儿童干预研究的进展及其启示[D].长春:东北师范大学,2007.

[4] 陈丹.西方阅读障碍儿童干预研究的进展及其启示[D].长春:东北师范大学,2007.

[5] 陈丹.西方阅读障碍儿童干预研究的进展及其启示[D].长春:东北师范大学,2007.

[6] Michael D C, Richard P Z, Maureen F R.Beginning Reading Instruction for Students at Risk for Reading Disabilities:What,How,and When[J].Intervention in School and Clinic,2006,41(3):161-168.

在我国,患有阅读障碍症的群体数量较多,他们普遍面临读写困难,存在阅读认知障碍,无法充分获取并使用公共阅读资源与服务,基本阅读权利被剥夺,被排斥在社会主流文化之外。尤其是阅读障碍症儿童,往往无法通过自由、快乐地阅读打开通往知识的大门,甚至会因被同龄人嘲笑而出现心理问题,影响心理健康与精神发展。

二、残疾人

《中华人民共和国残疾人保障法》将残疾人定义为:在心理、生理、人体结构上,某种组织、功能丧失或者不正常,全部或者部分丧失以正常方式从事某种活动能力的人,包括视力残疾、听力残疾、言语残疾、肢体残疾、智力残疾、精神残疾、多重残疾和其他残疾的人❶。据统计,目前全世界60多亿人口中有6亿多残疾人,约占全球总人口的10%❷。在我国,根据第六次全国人口普查及2006年第二次全国残疾人抽样调查结果推算出,2010年年末我国残疾人总人数已达8502万人,涉及2.6亿家庭人口,占总人口比例的6.34%❸,其中重度残疾2518万人,中度和轻度残疾为5984万人。各类残疾人中,肢体残疾为2472万人,所占比例最大;听力残疾为2054万人,排在第二位;视力残疾为1263万人;言语残疾和智力残疾分别为130万人和568万人;精神残疾为629万人;多重残疾为1386万人❹。我国残疾人口数量众多,毫无疑问,与健康人相比,如此数量和种类众多的残疾人群体在学习工作生活的各个方面均处于弱势的地位。此外,社会劳动结构分化使残疾人更容易成为被社会主流文化和社会公共服务排斥在外的群体,虽然相关法

❶ 中华人民共和国中央人民政府网.中华人民共和国残疾人保障法[EB/OL].[2015-01-31].http://www.gov.cn/jrzg/2008-04/24/content_953439.htm.

❷ 蔺梦华.公共图书馆残疾人服务研究综述[J].图书馆建设,2007(2):69-71.

❸ 新华社.中国发布第二次全国残疾人抽样调查主要数据公报[EB/OL].[2014-05-21].http://www.gov.cn/jrzg/2007-05/28/content_628517.htm.

❹ 2010年末全国残疾人总数及各类、不同残疾等级人数[EB/OL].[2014-05-21].http://www.cdpf.org.cn/sytj/content/2014-09/28/content_30399867.htm.

律己对此做出了严格限制,但是社会上歧视残疾人的现象仍不可避免地普遍存在着。

残疾人在阅读过程中主要存在视力障碍、听力障碍、语言障碍、肢体障碍、认知障碍。造成残疾人阅读困难的成因大体可归纳为主观成因与客观成因。主观成因表现为残疾人往往受身体条件的限制出行不便,加之其阅读能力与阅读方式受限,到图书馆利用无障碍设施与馆藏资源存在一定的困难。客观成因包括社会对残疾人的关注力度不够,为残疾人构建的阅读环境、开展的阅读活动、提供的阅读设施及配备的阅读资源有限等。不同的残疾人群体面临的阅读困难也不尽相同,例如,视障读者虽然可以利用盲文图书进行阅读,但是现有盲文图书的出版数量与种类有限,而且大字版图书与盲文图书大多厚而笨重,存在获取与使用困难;对于聋哑读者而言,虽然他们认识文字,但是由于文字的表达语序与手语的表达语序不同,他们阅读文字尤其是大段落语句时要面临较大的语言障碍;而对于肢体残疾的读者来说,他们中的大多数人虽然残障程度不足以影响看书、看报等阅读行为,但是由于身体缺陷,他们一般都没有接受过正规的教育,知识背景有限,在阅读资源获取和利用过程中存在较大理解困难。不可否认,阅读困难给残疾人的生活带来诸多负面影响,使其不能有效地获取及利用知识和信息,成为社会中的“信息穷人”,在工作、学习和生活中很难有机会参与以信息为基础的新经济活动,导致在收入、社会地位、社会参与度和受教育程度等方面与普通人存在较大差距。此外,不可否认,阅读是文化休闲和娱乐消遣的一种重要方式,然而目前残疾人通过阅读较难实现休闲、娱乐等精神放松。久而久之,他们都缺乏与外界信息、知识、精神和情感的沟通与交流,精神文化生活单调且匮乏,长此以往容易造成心灵孤寂。可见,残疾人是特殊而又不可忽视的阅读困难群体,帮助残疾人参与和融入社会阅读是推动整个社会文明进步的必然要求。

三、老年人

国际上对于老年人的界定通常以年龄为标准,普遍以65岁作为老年人的年龄起点。2015年国家统计局的数据显示,截至2014年年底,我国60周岁及以上老年人口21242万人,占总人口的15.5%;65周岁及以上人口13755万人,占总人口的10.1%[1]。预计到"十三五"末,我国老年人口将达到18万人,占户籍总人口的20%左右[2]。这些数据表明,目前我国人口结构已逐渐步入老龄化社会,而且老年人口的绝对数量和相对比例都在持续增多,养老问题形势严峻,老年人群体问题具有较大复杂性。所以现阶段无论是从国家政策层面、社会层面还是家庭伦理层面,都开始号召社会对于老年人群体的特殊关注与人文关怀。

对于老年人群体来说,阅读困难大多是由视力减弱与记忆力衰退引起的,但各个研究领域都从不同视角给出了"困难"存在的理由。从生理学视角看,视力退化尤其是与年龄相关性较强的黄斑变性、老年白内障等疾病常常迫使老年人放弃阅读。对此,赫希(Hirsch)通过研究考察了老年人视力的变化情况。他发现,人们在60岁以前,视力保持在比较稳定的水平上,60岁以后视力便急剧衰退,而且近距离视力比远距离视力的变化更大[3]。心理学研究发现,工作记忆老化对语言理解能力和阅读理解能力具有显著影响。社会学家研究老年人阅读问题往往从老年人生活方式改变入手,认为对于老年人而言,家庭责任的消减、大量的空闲时间及退休、丧偶、空巢等情况在很大程度使其产生与社会脱离感。阅读对于改善这些心理问题具有较大帮助,所以对于老年人的价值应受到关注。而教育学视角的研究

---

[1] 国家统计局.2015年老年人口最新的统计数据[EB/OL].[2015-10-11].http://tieba.baidu.com/p/3569039600.

[2] "十三五"老龄事业发展规划[EB/OL].[2015-10-11].http://www.docin.com/p-1115243389.html.

[3] Qualls C D, Harris J L.Age, Working Memory, Figurative Language Type, and Reading Ability: Influencing Factors in African American Adults´ Comprehension of Figurative Language[J].American Journal of Speech-Language Pathology, 2003, 12(1):92-102.

更加关注老年人的阅读能力、阅读行为和阅读策略，认为老年人的阅读能力显著低于18~60岁的成年群体❶。图书馆学领域的研究则主要关注老年人的阅读兴趣、老年人阅读与图书馆利用的关系及图书馆的老年阅读促进等问题❷。总的来讲，老年人群体的视力、脑力、行动力等能力往往会随着年龄老化而变弱，是老年人阅读面临的主要障碍❸。因而，克服和消除这些障碍，成为保障和促进老年人阅读的基础和重点。

四、未成年人❹

在我国，未成年人是指未满十八周岁的公民。判断一个人是否为未成年人，有没有完全民事行为能力是一个重要衡量标准。从阅读角度出发，未成年人阅读研究大体分为两个阶段：幼儿阶段阅读、青少年阶段阅读。苏霍姆林斯基根据自己的长期实验和研究提出儿童阅读对于思考与个人发展的重要性，认为"阅读是一种十分重要的、最复杂的技能，儿童要进行思考、进行脑力劳动就必须掌握它。只有在儿童善于边读边思考，边思考边读的情况下，思考对他来说才能成为如愿的劳动……蹩脚的阅读就像脏污的玻璃窗一样，透过它什么也看不见。不善于阅读的人就不善于思考，隐藏着'智力生活贫乏的严重危险'"❺。可见，未成年人进行早期阅读对其个人阅读水平、学习习惯及综合素质的发展和提升具有巨大意义。

3岁以下的儿童通常称为低幼儿童，3~5岁的儿童一般称为学前儿童，所以幼儿一般指6岁以前的儿童。幼儿阅读，是指接受对象为幼儿的阅读图书、报纸、杂志等读物并领会其内容的过程。有专家认为，0~3岁是培养

---

❶ Allington R L, Wolmsley S A. Functional Competence in Reading among the Urban Aged[J]. Journal of Reading, 1980, 23(6): 494-497.

❷ 肖雪. 多学科视野中的国外老年人阅读研究综述[J]. 中国图书馆学报, 2014(3): 100-113.

❸ 肖雪. 多学科视野中的国外老年人阅读研究综述[J]. 中国图书馆学报, 2014(3): 100-113.

❹ 徐然. 消基于"最近发展区"理论的公共图书馆儿童阅读服务研究[J]. 图书馆建设, 2015(8): 68-71.

❺ 张雯. 敞开知识和心灵之窗[J]. 山东教育, 1999(10): 18.

儿童阅读兴趣和学习习惯的关键阶段,3~6岁则更侧重于提高儿童的阅读和学习能力[1]。美国著名图书馆学家麦尔威·杜威(Melvil Dewey)曾指出:"幼儿期是人生打基础的时期,不但是接受中高等教育的基础,尤其是他一生事业、习惯、嗜好的基础。书写和阅读的能力应严格地被看作工具。儿童必须学会使用这些工具,正像他要学会使用别种工具一样。阅读的目的是要儿童熟悉使用语言,视之为不掌握就无法了解他人和事物的手段,视之为和别人分享他所发现的事物的手段。"[2]人们通常认为阅读与文字有关,只有成人和学龄儿童才会面临阅读困难,往往忽视幼儿的阅读困难。实际上,幼儿阅读困难大多是由生理机制引起的,主要表现为神经结构和机能异常。而且,从儿童阅读障碍的遗传理论出发,许多研究表明儿童阅读障碍和遗传呈正相关关系。

儿童阅读障碍症是指儿童至少具有正常或以上的非语言智力,并且在教育机会、社会环境、经济条件、学习动机或情绪方面与其他儿童没有明显差别,但阅读成绩与以其智力所应达到的水平相比至少落后两年以上[3]。阅读障碍是学龄儿童常见的一种学习障碍,其从生理机制和心理机制上分为获得性阅读障碍和发展性阅读障碍。前者是由先天遗传及后天损伤造成的脑结构异构或错[4],后者是指智力正常的儿童在发展过程中没有明显的神经或器质性损伤,而阅读水平却显著落后于相应智力水平或生理年龄的现象。目前世界范围内发展性阅读障碍的发生率约占全部儿童的5%~17%[5]。一般这种障碍出现于婴幼期,6~7岁症状明显。轻者经过干预治

---

[1] 儿童各阶段的阅读方式[EB/OL].[2014-07-08].http://new.060s.com/article/2011/08/17/469579.htm.

[2] 李静.幼儿阅读困难个案研究[D].南京:南京师范大学硕士学位论文,2003.

[3] 隋雪,王小东,钱丽.发展性阅读障碍的筛选标准[J].中国特殊教育,2007(7):51-56.

[4] Papathanasiou I, Bleser R.The Sciences of Aphasia:From Therapy to Theory[M].Oxford:Pergamon Press,2003:17-34.

[5] Gabrieli J D.Dyslexia:A New Synergy Between Education and Cognitive Neuroscience[J].Science,2009,325(5938):280-283.

疗,症状会有所减轻或消失;重者经过干预疗法治疗,症状会减弱但不能完全消失,但有些特征会持续终身。由于发展性阅读障碍儿童的阅读困难特征出现得比较早,社会上几乎没有针对学前期儿童的阅读指导,所以发展性阅读障碍儿童很少能够在学前期被诊断出来。鉴于发展性阅读障碍非先天性阅读障碍,因此早诊断、早干预对发展性阅读障碍的缓解和改善尤为重要。

在朱智贤主编的《心理学大辞典》中,儿童阅读困难的表现形式被概括为以下几个方面:①词汇识别不正确,难以辨别音同、音近或形近的字词,或难以辨别拼音字母,不能把字母和发音相联系;②逐字阅读,不能正确停顿,或嘴唇嚅动、发嘘嘘声、喃喃声;③缺少理解,难以获取意义,厌恶阅读;④行为表现上注意力不集中,很快就从一个活动或想法跳到另一个活动或想法,手脚笨拙,走路时脚步不稳,常跌倒,完成阅读任务容易疲劳,在分辨距离、方向时显得困难等[1]。上述阅读行为现象在生活中较为常见,基本上可以归纳为一种不会阅读的表现。目前,心理学家、教育学家和医生对造成此种障碍的原因看法不一,对如何准确归类也没有一致意见,但公认地将它视为一种学习功能的缺失,即儿童阅读水平明显低于同年级水平,但无心智落后、严重的情感问题等失常现象及文化因素的影响等。为了避免用法混乱,许多研究者采用"特殊发展阅读困难"一词来描绘儿童时期的这种征兆。

同许多心理障碍的症状检查一样,阅读障碍症也有其检测方法,检测中多采用"智力测验与阅读成绩差异"的测试方法。这种方法是通过儿童的阅读成绩与其智力测验水平之间的差异进行比较,一般先用韦氏量表、瑞文推理测验量表对儿童智力水平进行测量,再用"幼儿早期阅读能力评估工具"、林宝贵"中文阅读理解量表"进行测量。如果儿童具有正常智力、没有明显的情绪障碍且经济、文化、教育机会具备,但其阅读成绩明显落后于其智力所应达到的阅读水平,就被诊断为儿童阅读困难症。使用这个方

---

[1] 朱智贤.心理学大词典[M].北京:北京师范大学出版社,1989:901-904.

法需要注意的是,应针对不同年龄阶段测量阅读成绩,并将多次测量结果标准化。然而,这个方法属于静态分析的方法,没有认识到儿童认知发展是一个过程,阅读成绩与智力水平也并不是完全相关的。目前使用"认知与干预动态分析"筛查方法成为儿童阅读困难筛查的新趋向。动态评估是一种关注个体未来发展水平的互动式测量模式,其通过教学和干预等方法把个体的学习过程和学习结果结合起来,考察个体的未来发展水平或学习潜能。这种方法是将认知心理学和心理测量学结合起来,根据任务的心理认知加工过程设计、编制测量工具,分析和解释测量结果。这种测量不仅测量儿童智商,而且注重儿童阅读中认知过程的因素测量,有助于找出儿童阅读过程中导致困难的因素,从而有针对性地制定干预策略。但是,笔者认为,对阅读障碍儿童的筛查应采用静态分析与动态分析相结合的方法,在静态的智力及阅读水平测量基础上结合儿童动态测量成绩,最终对儿童做出全面、科学的鉴定。

对于青少年的阅读研究,我们首先要理清青少年群体的阅读需求与习惯。韩国儿童阅读专家南美英通过研究发现6~12岁的儿童阅读习惯有这些特点:①利用知识性儿童读物,或者从直接观察中获得经验;②喜欢幻想性题材的故事;③能够了解简单的专辑和历史故事;④期待故事情节中善有善报、恶有恶报的因果报应;⑤喜欢高声朗读;⑥有些儿童因阅读能力与兴趣不断增长,变成一个"贪婪"的阅读者;⑦读完后,喜欢与他人讨论读物内容;⑧对描写过去历史、遥远的地方或者未来生活情境的读物尤感兴趣;⑨喜欢收集或者与人交换儿童读物;⑩开始学会使用目录索引和工具书帮助阅读;⑪喜欢阅读专门性的儿童读物;⑫对介绍不同人种、民族和国家文化的读物开始感兴趣;⑬喜欢从参考书、百科全书、书报杂志中吸取知识以补充课本知识的不足❶。相比于幼儿,青少年面临的阅读困难情况更为复杂,既有先天遗传的因素及生理方面的原因,又有后天教育的影响及心理方面的原因。从青少年阅读的心理机制看,他们认识一个词要通过视觉表

---

❶ [韩]南美英.会阅读的孩子更成功[M].宁莉,译.南昌:江西美术出版社,2007.

征通路(即从认识词形直接了解词义)或语言转录途径(即先把词转化为语言编码,然后再转为词的意义);从教育原因看,青少年的阅读困难与其所接受的早期教育及其阅读知识和技能不足有关[1]。可见,一个人阅读的能力与其儿童时代所接受的阅读训练密切相关。因此,我们应该重视未成年人阅读困难现象,及早发现阅读困难儿童并及时提供帮助使他们掌握必要的阅读技能[2]。

五、农村人口

百度百科将农民定义为"长时期从事农业生产的人"。在发达国家,农民完全是一个职业概念,指的是经营和从事农场、农业的人,这个概念与渔民(Fisher)、工匠(Artisan)、商人(Merchant)等职业并列,农民与所有从业者一样,具有同样的公民权利,亦即在法律意义上他们都是市民,只不过从事的职业有别[3]。然而,由于国情不同和历史原因,在汉语语境中,通常将农民理解为一种社会等级、一种身份或者准身份、一种生存状态、一种社区乃至社会的组织方式、一种文化模式乃至心理结构[4]。根据国家统计局发布的2014年度宏观经济数据显示,2014年年末中国大陆人口136782万人,其中城镇常住人口74916万人,乡村常住人口61866万人,农村人口占总人口比重为45.23%[5]。我国人口统计学数据显示,农村人口主要分布在农村、城市边缘地区、边远山区及少数民族聚集区域等经济不发达地区,以文盲、贫困人口和处于文化贫乏阶层的群体为主。在世界范围内,发展中国家的农民由于人口基数大、分布在基础信息服务之外的农村贫困地区,常常被认

---

❶ 缴润凯,路海东.国外儿童阅读困难的原因及教学干预研究述评[J].东北师大学报:哲学社会科学版,2003(3):130-135.

❷ 李静.幼儿阅读困难个案研究[D].南京:南京师范大学硕士学位论文,2003.

❸ 百度百科.农民[EB/OL].[2014-07-08].http://baike.baidu.com/subview/24915/5120438.htm.

❹ 百度百科.农民[EB/OL].[2014-07-08].http://baike.baidu.com/subview/24915/5120438.htm.

❺ 2014年末中国大陆人口超13.6亿全年出生1687万[EB/OL].[2014-07-08].http://news.south-cn.com/china/content/ 2015-01/20/content_116719924.htm.

为是阅读弱势群体的代表。对于农村人口而言,长期生活在相对封闭和落后的区域中,往往面临教育培训、科学技术和卫生保健等个人基本能力的被"剥夺",他们经济上的贫穷只是贫困的表象之一,其背后隐藏的是文化贫乏所带来的个人基本能力的贫困。因此,对于农村阅读困难群体来说,资源的获取、阅读、利用都是对他们基本能力的挑战❶。虽然随着国家重点文化工程(全国文化信息资源共享工程、国家数字图书馆推广工程、公共电子阅览室工程)的推进,农村公共文化设施已基本实现普及、全覆盖,但是农村人口的阅读需求与动机不强、阅读资源获取不便、阅读技能欠缺等问题依然严重制约其阅读行为的实施。按照文化的代际传递规律,农村人口普遍不重视儿童阅读和家庭阅读,这将严重影响下一代人阅读习惯的养成。

六、低收入者

　　低收入者基本上都具有就业较难、工作不稳定、收入不高等特点,对求职就业、职业技能培训、社会保障、法律政策等与工作和生活密切相关的信息需求量很大,并希望通过获得这些信息改善自己的经济收入与生存环境。对于低收入者而言,阅读不单单是丰富知识、增长技能的主要途径,阅读还能够愉悦身心,增加社会幸福感。例如,利物浦大学阅读研究中心副院长乔西·比灵顿(Josie Billington)博士认为,阅读的人更容易做决定、定计划、分主次;阅读可以帮助人们远离诸如压力、抑郁和痴呆等境地;阅读能够提供更加丰富、开阔和复杂的经历模式,使人们可以从全新的角度审视自己的生活,获得全新的认知。总的来说,低收入者的阅读需求可以概括为以下几方面:①职业技能培训信息,包括职业技能培训机构的名称、地址、培训内容以及收费情况等方面的信息,职业技能竞赛的时间、项目、地点、报名方式、奖励等方面的信息;就业服务机构名称、地址等信息和就业

---

❶ 王瑛琦.农村阅读困难群体的阅读需求与图书馆阅读关怀策略研究——国外研究扫描[J].
国家图书馆学刊,2013(6):80-87.

服务信息系统、就业招聘会等方面的信息。②政府法律政策信息,包括行政法规相关规定和地方性法规、规章、政策措施等方面的信息。③社会保障信息,包括养老保险、失业保险、医疗保险、工伤保险、生育保险、法律援助等方面的信息;职业病相关信息,如病名、鉴定机构和方法、治疗费用负担等信息;法律援助机构名称、联系方式、申请条件、援助项目等方面的信息❶。低收入者普遍面临阅读资源匮乏、阅读环境与条件较差、获取阅读资源的途径和渠道有限等问题。他们由于常常奔波于生计,大部分时间和精力用于从事与生产相关的经济活动,很难有闲暇时间进行阅读。相应地,阅读资源的贫瘠会加重这部分群体的信息获取困难,缺少自主学习与自我教育决定了其自身发展的局限,将使其朝着更加弱势的方向发展。

七、其他人员

以上六类人员被划分为阅读困难群体是能够在社会层面得到广泛认同的,但还有一些没有被划分进社会阅读困难群体的人群,他们同样面临较多的阅读障碍,同样应得到社会的广泛关注。一是长期病患者,他们不仅要经受身体病痛的折磨,背负心理和精神上的沉重负担,而且还要在经济上承受长期的、数额巨大的医疗费用和生活支出,甚至有些长期患病者(如精神病患者、乙肝患者)被强制隔离、限制人身自由,公民基本权利受到侵害,往往受到社会排斥,很难进行或者实施阅读行为;二是农民工,他们一般缺乏文化生活,精神生活匮乏,阅读水平较低,但有较强的阅读欲望,只是获取阅读资源的渠道和途径有限,需要将阅读资源推送至他们身边;三是城市乞讨者、盲目流动及外来人口等,他们处于社会的底层,往往居无定所,日常生活没有保障,阅读更属于奢望。对于上述阅读困难群体而言,有些人连基本阅读能力尚不具备,更不用说阅读资源的获取与利用了,因此也应纳入阅读困难群体的服务对象范畴。

❶ 王素芳.我国城市弱势群体信息获取问题初探[J].图书情报工作,2004(1):34-36.

第四节　阅读困难群体的致因[1]

　　结合现有理论研究成果与阅读困难群体的实际情况,从"个体—社会"层面和"主观—客观"维度对阅读群体的障碍成因进行矩阵分析,可得到表3-1所示的结论。

表3-1　我国阅读困难群体障碍成因的矩阵分析[2]

障碍成因	主观因素	客观因素
个体层面	①阅读意愿、阅读兴趣和阅读习惯缺乏 ②阅读心理问题 ③阅读文化素养与技能不足	①个人生理缺陷 ②经济条件有限 ③生活环境问题
社会层面	①信息歧视 ②社会排斥 ③社会阅读文化建设不足	①信息支持与保障制度的不健全 ②阅读资源建设与配置的不完善 ③社会阅读基础设施和服务队伍建设不足

　　其中,(1)"个体—主观"成因主要包括三方面:①阅读意愿、阅读兴趣和阅读习惯缺乏,部分公众认为个人阅读需求同其生存与发展的关联度低,往往存在阅读意识不强、阅读动力不足以及个人精力和空闲时间有限等认知障碍;②阅读心理问题,部分公众在阅读心理上存在自满、从众、自卑等心态,从而出现轻视、疏离或者回避阅读等行为;③阅读文化素养与技能不足,部分公众在新技术环境下缺乏知识获取、表达、利用、评估等能力,以及对新媒介阅读能力需求的不适应。(2)"个体—客观"成因主要包

──────────

❶ 李昊青.面向阅读困难群体的图书馆阅读资源配置机制研究——基于信息公平视角[J].图书馆建设,2015(8):49-54.

❷ 束漫,孙蓓.图书馆"阅读障碍症"群体服务的理论与实践[J].中国图书馆学报,2014(4):92-98.

括：①个人生理缺陷，其主要包括丧失或者部分丧失基本阅读能力的视障者、肢体不全者、智障者以及患有"获得性"或"发展性"阅读障碍症的人群；②经济条件有限，部分公众在面对阅读资源获取的直接或者间接成本时，超出其经济负担能力；③生活环境问题，部分公众因受居住地偏远、家庭阅读教育不足、所处环境阅读文化缺失等因素影响而阅读困难。(3)"社会—主观"成因主要包括：①信息歧视，部分公众在合法的阅读活动和阅读行为中所受到的不平等对待，在阅读活动实践中，通常表现为：性别歧视、年龄歧视、地域歧视、地位歧视，等等；②社会排斥，如因资源配置不平衡、社会二元城乡结构差异或者社会制度不健全造成的社会制度排斥，阅读主体有阅读需求，但实际实施阅读行为过程中存在体制性障碍；③社会阅读文化建设不足，更多指阅读氛围、阅读环境对阅读主体的影响，如某些家庭缺少相应的阅读文化环境，则孩子不具有阅读习惯与阅读兴趣。(4)"社会—客观"成因主要包括：①信息支持与保障制度的不健全，部分公众因各种现实障碍其阅读权利在制度上缺乏价值体现，以及在制度实践中又难以得到有效保障；②阅读资源建设与配置的不完善，公共图书馆、信息服务机构等公共文化服务机构的社会阅读资源供给不足或者错位，以及资源配置的低效用性和阅读辅助设备设施不健全等。此外，还包括社会阅读资源自身障碍，如文献载体，内容语言种类、文字大小等因素；③社会阅读基础设施和服务队伍建设不足，公共信息基础设施的缺失，以及特殊阅读服务人员数量贫乏，保障能力有限等因素也影响着社会阅读。

一、阅读意愿缺乏

长期以来，弱势群体受传统政治文化的影响，信息获取意识淡薄，对信息获取重要性的认知程度较低，信息获取动力不足。[1]从个体层面来看，阅读需求是驱动一切阅读行为的内在动力，没有阅读需求，自然就没有阅读行为可言。虽然缺乏阅读意愿、兴趣是阅读主体无法实施阅读行为的主观

---

[1] 井西晓.公平视角下我国信息弱势群体信息能力研究[J].科技管理研究,2013(13):209-213.

因素,但是从根本上剖析,阅读意愿缺乏的原因大致可归纳为三方面:其一,由于阅读主体缺少阅读经验,很难从阅读的过程中获得乐趣与精神愉悦,从而导致缺乏主动实施阅读行为的意愿;其二,阅读心理是影响阅读主体实施阅读行为的内动力,体现在阅读的心境、注意力、联想、个人对美感认识等方面,如果阅读心理上存在自满、从众、自卑等心态,则会出现轻视、疏离或者回避阅读行为的现象;其三,阅读兴趣与阅读习惯的养成需要一个漫长的过程,受个人经历、识字程度、阅读时间、文化素养、家庭环境与教育背景等外在因素的影响,并且具有明显的代际传递特征。

二、阅读能力缺失

阅读能力缺失既包括先天能力不足者(如完全丧失或者部分丧失基本阅读能力的视障者、智障者、肢体不全者),还包括阅读认知障碍症人群。这部分阅读困难群体大多表现为阅读行为基本无法实施或者无法充分实施,大多属于个体生理性缺陷。当然,也有一部分阅读困难群体是由于自身阅读资源获取能力、阅读转换表达能力、阅读技能欠缺而无法顺利实施阅读行为。他们无明显的生理缺陷,往往欠缺基本的文化素养与阅读技能(如文盲因不识字而无法阅读),主要由社会排斥因素造成。例如,在广大农村地区,文化设施落后,农村人口普遍缺少基本的文化素养与阅读技能;在城市,同样存在公共文化服务的“空白”地带,一些阅读困难群体(如低收入者)的阅读资源获取能力与利用能力明显不足,严重阻碍阅读行为与阅读活动的实施。这里阅读资源获取能力低下主要是指查找、甄别、获取阅读资源能力的不足。由此而导致的阅读困难群体,不仅缺乏获取阅读资源的途径和渠道,往往也会存在利用阅读资源方面的障碍。在阅读资源获取过程中存在阅读需求感知和阅读资源搜寻两个环节。阅读需求感知是阅读主体感受到自己某一方面的知识匮乏从而产生阅读欲望的过程,是产生阅读行为的前提条件,也是推动阅读主体提高自身阅读能力的动力。阅读资源搜寻是指通过一定渠道搜集所需知识的行为,是整个知识获取过程的关键环节。阅读能力缺失具体表现为:阅读意识落后、阅读需求认知不足、阅读需求表达不准、阅读资源获取手段有限、阅读内容理解存在偏差、知识吸收和转化能力欠缺等。一方面,阅读欲望不强、阅读需求认知不足、需求表达不准将直接削弱阅读困难群体在阅读行为实施中的主体地位,阅读资源获取的针对性、精准度明显下降,影响了知识供给质量,造成了阅读困难群体的知识贫困;另一方面,阅读资源获取手段有限、阅读内容理解存在偏差、知识吸收和转化能力欠缺等使得即便在阅读资源有效供给的情况下,阅读困难群体也难以发挥阅读资源的实际价值,造成事实性知识贫困[1]。

三、阅读资源匮乏

阅读资源不仅受其他资源配置情况的影响,也与社会制度与政策环境等因素密切相关。从理论上讲,在我国,社会排斥往往直接表现为体制性排斥:如城乡二元结构体制造成贫困人口多数集中在农村;社会资源(包括文化资源)二元化再分配使各种优质资源纷纷流向城市;社会保障和福利制度具有高度选择性,覆盖的往往是那些相对优越的人群,严重滞后于经济发展水平和广大人民群众的实际需要;就业市场的相对排他性和封闭性一定程度上堵塞了中下阶层人群向上流社会流动的渠道,等等。更为重要的是,阅读权利的缺失加重了阅读困难群体阅读资源匮乏的困境。在广大农村地区,社会公共文化保障严重缺失已成为客观事实;在城市,尽管实现了义务教育阶段的全免费,但仍有相当一部分城市居民的基本生存面临严重困难,又何谈文化休闲、文化娱乐、文化享受。社会资源配置不均促使医疗保健、职业培训、正规教育、技术推广、就业迁移等社会资源向拥有较多资源的群体转移,社会各阶层之间收入差距不断拉大。阅读困难群体往往因没有能力获得生存和发展的机会而在人力、财力、物力、能力、权力等社会资源配置方面匮缺。我国公共资源尤其是公共文化资源供给不足与分

[1] 肖文建,王广宇,彭宁波.和谐社会构建中档案馆关注弱势群体研究——基于信息能力与信息需求的思考[J].档案学研究,2009(1):21-24.

配不公是长期以来一直存在的问题,由于现行体制限制、社会发展不公、社会公共物品供给不足等原因,严重阻碍了阅读困难群体获得所需的阅读资源,从而影响其全面发展。由于阅读困难群体长期、持续处于公共文化资源配置的劣势,难以获得正常的受教育机会与就业技能,甚至通过代际传递产生较大的负外部效应,致使这部分群体的社会离心倾向日益严重。

四、阅读方式受限

阅读方式按照对阅读文字的理解程度可分为深阅读、浅阅读;按照阅读载体可分为纸本阅读、数字阅读;按照阅读获取知识的方式可分为经典式阅读、信息式阅读;按照阅读目的可分为专业性阅读、鉴赏性阅读、消遣性阅读;按照阅读精准度可分为泛读、精读,等等。阅读主体往往出于不同的阅读目的与阅读内容选择相应的阅读方式。尤其是网络时代的发展与移动设备的出现,丰富了原有的阅读方式,为人类随时随地进行阅读提供了无限选择。然而,对于阅读困难群体而言,由于其阅读需求不明确、阅读经验匮乏、阅读能力缺失、阅读资源获取渠道单一,以致可供选择的阅读方式较少。尤其是进入互联网时代后,"表面上"公平的互联网络为阅读困难群体获取知识带来了"实质性"的困难:如老年人对于数字阅读设备的无从下手、未成年人对于甄选鉴别海量阅读资源的茫然失措、低收入者对于付费数字阅读资源的望尘莫及、残疾人对于阅读辅助设施设备的翘首企盼等。这些阅读困难群体被迫置身于飞速发展的网络时代,但没有理由被人类前进的脚步所遗弃。相反地,随着时代的发展与技术的进步,人类阅读方式还会愈加延展、丰富,所以应鼓励阅读困难群体通过多种形式的阅读完成自我教育与终身学习,实现并保障个人的自由发展与民主权利。

五、阅读行为受阻

由于受到经济、教育、地域、社会排斥等因素的影响,阅读困难群体大多数属于弱势群体范畴。即使他们有强烈阅读需求和意愿,但是由于其自身的知识能力严重不足,阅读文献与获取知识的能力较差,在同样的经济条件下,他们往往比受过良好教育、阅读能力强的人获得的有效知识更少;另外,阅读困难群体对知识的吸收转化能力较弱、沟通交流能力较差,即便获得了所需知识但仍无法利用这些知识。这些源自经济、技能、资源等的阅读障碍与壁垒均会对阅读困难群体实施阅读行为产生较大阻碍作用,使之无法有效地开展阅读行为、达到应有的阅读效果。虽然教育是提高人们学习和理解知识、运用知识能力的关键,但是由于我国教育事业总体水平不高且区域间发展不均衡,阅读困难群体对获取的知识进行加工、转化到再利用的意识和能力均较为薄弱,大多数阅读困难群体还停留在对文本知识的经验分析层面,不会运用必要的科学手段进行理性分析。阅读困难群体在阅读需求感知上较为不敏感,缺乏完整、准确地表达自身阅读需求的能力,阅读行为受阻既可能严重影响其阅读效果、损害其阅读权益,又会极大地挫伤阅读困难群体的阅读欲望与阅读兴趣。

六、阅读环境干扰

普遍来看,虽然阅读意愿、阅读兴趣与阅读习惯是个体主观行为,但是外在环境对于阅读意愿的刺激较为明显。一个良好的阅读环境和氛围,有利于激发人的阅读兴趣,促进阅读行为的实施。对于阅读困难群体来说,繁杂的阅读障碍与阅读行为的难以实施明显会打消其阅读的积极性,同时缺少精神愉悦的阅读行为必将导致缺少内在的阅读动机。阅读意愿缺乏又将阅读困难群体带入恶性循环中,逐渐形成意愿强烈刺激阅读、意愿缺乏消极阅读的"马太效应"。

阅读环境可划分为阅读文化环境与阅读空间环境。其中,阅读文化环境又可划分为社会阅读环境与家庭阅读环境。社会文化建设的目的在于通过形成和营造良好的"大文化"氛围影响个人的价值观念与思维模式,而良好的家庭阅读文化能够起到小范围的阅读促进作用,如激发儿童的阅读欲望、培养儿童的阅读习惯、帮助儿童形成良好的认知等,因此我们应积极营造"人人读书，人人爱读书"的全民阅读氛围。阅读空间环境主要指客观存在的阅读空间作用，如置身于安静的图书馆比嘈杂的菜市场更有利于阅读行为的顺畅进行。相关调研发现，阅读困难群体普遍面临较大的生活经济压力，缺少固定的阅读时间及安静、舒适的阅读环境，有的残疾人甚至家里没有书也从不读书。苏塞克斯大学的一项阅读研究结果显示，在安静的地方阅读6分钟，就可以减轻三分之二的压力。所以阅读不仅仅是获取信息和知识的渠道，更是提高个人文化素养、持续自我教育的良好途径。因此，营造良好的阅读氛围、排除阅读环境的干扰不仅是我们每个人而应是全社会共同努力的方向。

第五节　阅读困难群体的主要特征

目前，我国文化资源丰富、信息化水平较高且发展较好的地区主要集中在大城市和东部经济发达地区，且阅读资源多为社会"精英"阶层所掌握。相对于社会精英而言，阅读困难群体接触现代化通讯设备和阅读资源的机会较少，阅读行为的实施常常面临无法跨越的"数字鸿沟"。加之，阅读困难群体的阅读权利普遍无法得到充分保障与实现，社会话语权较低，民主政治参与能力较差，社会两极分化趋势凸显，在政治和经济等领域遭受的不平等待遇愈发明显。阅读困难群体在阅读资源配置、获取和利用等方面的劣势，势必会拉大其与其他社会群体在经济收入、精神生活和公民权利上的差距，导致自身生存环境恶化和社会发展空间受限。普遍来看，阅读困难群体大致都具有以下三种群体特征。

一、物质生活窘迫

从"路径依赖"（路径依赖是指人类社会中的技术演进或制度变迁均有类似于物理学中的惯性，即一旦进入某一路径，无论是"好"还是"坏"，就可能对这种路径产生依赖）原理看，信息和知识匮乏的社会个体，其人力资本更主要的是依赖自身的体力劳动能力；而信息和知识富有的社会个体，其人力资本更主要的是依赖自身的智力劳动能力。[1]大多数阅读困难群体由于阅读能力较差，致使其收集、处理、加工、利用知识的能力也较差，无法熟练地运用网络技术等新技术和新媒介获取知识，更是无法有效地与他人共享和交流知识。这种信息落差和信息不对称往往会导致大量优质的阅读资源更多地流向相对不具有阅读困难的人群，这样可供阅读困难群体获得并利用的资源将会更少，剥夺了阅读困难群体的基本阅读权利，导致阅读困难群体被社会主流文化所排斥，不具有社会竞争优势甚至是社会竞争能力丧失、经济贫困。阅读能力决定了阅读主体对于知识和信息的获取、转化、利用能力。由于阅读能力的差距，社会群体逐渐被划分为两类：一类是"知识富人"，他们拥有较高的收入，受过高等教育，知识的获取和利用能力更强，可以更快地获取并有效利用较多的价值较高的阅读资源，处于社会竞争的优势地位；另一类是"知识穷人"，他们不仅收入、社会地位、社会参与度和受教育程度较低，无法与社会形成有效联系，同时知识的获取和利用能力有限，难以通过正式渠道及时获取所需要的知识，而且获取到的知识价值较低，准确性难以保证。"知识穷人"因自身知识匮乏与获取知识的行为受阻，大多为阅读困难群体，他们在工作、学习和生活中很难有机会参与以知识为基础的新经济活动，更是很难参与教育、培训、娱乐、购物和交流等社会活动。

我国20世纪90年代以来社会信息化进程不断加快，社会分化现象加剧。阅读有助于提高自身价值，获得财富和成功，丰富的知识、经验、商业技巧、交际能力、人格、外表等都可以通过阅读得到提升。知识获取得多、速度快且善于利用的人，通常积累财富、权力和声望的能力越强；相反，知识获取得少、不善于利用的人，接受教育和就业的机会大大减少，在政治、经济等方面处于社会不利地位。由于阅读困难群体无法公平地享受和利用公共文化服务，阅读资源分配不公，严重限制了阅读困难群体的能力发

---

[1] 王子舟.知识贫困及其对弱势群体的影响[J].图书馆，2006(4)：10-16.

展。可见,阅读权利的缺失才是导致阅读困难群体经济利益的根本原因。

二、精神生活匮乏

按照马斯洛(Abraham H.Maslow)的需求理论,人的需求分为生理需求、安全需求、社交需求、尊重需求和自我实现需求五个层次,而且这些需求是有层次、有顺序的,并可能在一段时期内同时存在几种需求。由于现实生活中阅读困难群体经常会面临生存困境、机会困境、权利困境、知识困境等,引起内心焦虑与矛盾,心理上具有高度的敏感性和脆弱性,容易产生自卑感和失衡感,造成心态的失衡、非理性化和无序状态,满足感和成就感低,失落感和被剥夺感增强,久而久之会产生一种社会对自己不公平的心理,甚至产生厌恶、对抗、报复社会的心态,更有甚者会做出一些偏激的行为❶。由于大多数阅读困难群体处于社会贫困阶层,往往为生计奔波忙碌,很少有时间和机会参与社会文化、娱乐活动,长此以往,他们不仅远离社会文化氛围,缺乏与外界的信息、知识和精神沟通和交流,致使心灵孤寂,而且会在自身所处的困境和社会贫富分化加剧的强烈反差中产生思想观念上的异化和信仰上的迷茫。阅读有助于实现自我提升,还能够有助于消除压力和不安,安抚心灵的浮躁。苏塞克斯大学(University of Sussex)进行的一项有关消除压力的研究显示,利用心跳数等逐一验证读书、听音乐、喝咖啡、看电视、打游戏、散步等种种消除压力手段的效果,减轻压力值的结果排行是读书68%,听音乐61%,喝咖啡54%、散步42%、看电视、打游戏21%。由此可见,阅读是最有效地减轻压力的手段,能够改善阅读困难群体的精神困境与文化素养。

三、社会权利缺失

约翰·罗尔斯(John Rawls)在《正义论》中指出,即便是处于"无知之幕"下的人们依然享有获取知识的权利,"他们知道有关人类社会的一般事实,

---

❶ 王子舟.弱势群体知识援助的图书馆新制度建设[M].北京:国家图书馆出版社,2010:17.

理解政治事务和经济理论原则,知道社会组织的基础和人的心理学法则。各方被假定知道所有影响正义原则选择的一般事实。在一般的信息方面,即一般的法律和理论方面没有任何限制"❶。可见,人类只有在通过阅读并获取相当量的知识时,才能形成影响他人或者控制他物的能力和权力。尤其是在信息社会,个人知识拥有量往往与知识产权、高新技术、金融资本、利益分配紧密结合。也就是说,知识具有权力化特征,即掌握较多知识的人群更易成为社会中的强势群体,他们把握着社会话语权,影响着社会公共政策的制订和实施,同时通过手中的权力和财富又可以获取更多的知识。❷在阅读过程中,知识的获取对应了阅读资源的提供与配置,阅读资源及相应阅读设备的匮乏将剥夺阅读困难群体参与社会活动的权利,进而丧失为自己争取权利和谋取利益的机会。❸因此,为了改善这种由信息网络技术发展和知识垄断带来的负面影响,使阅读困难群体能够正常参与社会政治活动,充分实现个人生存权、发展权等基本权利,全社会应做出积极的努力,降低知识获取"门槛",着重保障阅读困难群体的基本阅读权利。

通过上述分析可以看出:其一,阅读困难群体受各种障碍因素的影响,在价值认同、资源建设、能力支持、服务保障等方面受到社会排斥,其在社会阅读资源数量、质量与渠道等方面的受阻境遇往往成为一种常态性的存在。其二,政府和社会组织要为阅读困难群体提供普遍均等的公共文化服务,保障其阅读权利。图书馆为阅读困难群体服务是一项以图书馆核心价值为导向、以阅读资源建设为基础、以主体阅读能力提升为支撑、以社会阅读服务为保障的系统的民生工程。正如有些学者指出,目前我国农民、农村进城务工人员、城镇普通市民、工人、下岗人员、转岗人员、低收入和弱势

❶ [美]罗尔斯.正义论[M].何怀宏,译.北京:中国社会科学出版社,2001:132.

❷ 王子舟,肖雪.弱势群体知识援助的图书馆新制度建设[J].图书情报知识,2005(1):5-11,97.

❸ 袁勤俭.数字鸿沟的危害性及其跨越策略[J].中国图书馆学报,2007(4):27-31.

人群的实际阅读量不容乐观,他们甚至不是公共图书馆的现实读者。社会精英、中间阶层对阅读资源的拥有量使他们成为图书馆服务体系的现实读者和主要读者。因而,服务阅读困难群体成为图书馆保障信息公平和维护公民基本阅读权利的重要问题。

第四章　图书馆为阅读困难群体服务的理论与实践

只要社会存在阅读需求,就一定会有社会成员因为各种各样的原因(经济的、文化的、身体的、社区的、地域,等等)需要获取具有公益性质的阅读服务,这就是现代图书馆事业存在的理由。[1]根据《公共图书馆服务宣言》之要义,图书馆保障公民的基本阅读权利应从两个方面加以诠释:其一,图书馆应保障每个公民享有平等的阅读权利,即向所有人提供平等的阅读服务,而不论年龄、种族、性别、宗教、国籍、语言或者社会地位;其二,图书馆必须向由于种种原因不能正常获取阅读资源和利用阅读服务的人提供特殊的服务和资料。在现实操作中,国内外图书馆也的确是这样践行的,它们通过公平地提供知识资源提高社会公众的竞争能力,成为矫正各种社会不平等(如教育权利不平等、信息权利不平等)的基础条件和重要制度安排,间接地提高公众的社会参与度,促进社会和谐、人类繁荣发展。服务阅读困难群体是图书馆权利的内在要求,是对图书馆精神的良好践行,如何保障阅读困难群体的信息公平、维护公民的基本阅读权利是图书馆学界需要关注和研究的重要议题。

第一节　图书馆与阅读权利的保障

在图书馆学的发展史上,20世纪30年代美国芝加哥学派关于图书馆对

---

[1] 范并思.阅读推广的理论自觉[J].国家图书馆学刊,2014(6):3-8.

阅读的促进作用的相关研究发挥了重要作用,他们把阅读视为"将文献中所包含的社会知识转移到个人知识的中间环节,而图书馆则是促成这一转移大规模实现的社会机构",并力图通过大量的社会调查阐明阅读这一转换过程,将这种转换的理论作为认识论的基础,重新解释和理解图书选择、服务、管理、图书馆历史等图书馆学的问题。❶在实践领域,我们不能否认现代图书馆作为民主政治的产物的重要意义,图书馆以继承与践行"传播知识,传承文明"为己任,是当今世界组织阅读活动的五大主要力量(包括政府机构、出版商和书店、图书馆、协会和民间机构、传媒机构)之一。相应地,阅读资源建设、阅读服务提供、阅读能力培养与阅读活动开展作为图书馆的重要文化使命与社会责任,成为对图书馆知识自由理念、实现社会教育职能的良好践行。图书馆通过促进不同社会阶层间的知识交互与社会流动,维护着民主政治的有序和社会生态系统的和谐发展。然而,随着社会信息分化和数字鸿沟日益凸显,阅读资源作为一种重要的社会资本,成为稀缺资源,并在阅读资源获取与利用层面逐渐形成这样一类社会群体——阅读困难群体。诚然,对阅读资源进行公平配置、开展丰富多样的阅读服务、促进社会知识的流动与转化是图书馆维护信息公平和促进社会和谐的重要社会责任。因此,出于保障公民阅读权利之要义,图书馆应号召并开展一切对于社会阅读具有促进意义的服务与活动。

一、图书馆应保障每个公民享有基本的阅读权利

《公共图书馆宣言》明确规定:"公共图书馆是开展教育、传播文化和提供信息的有力工具,也是在公众的思想中树立和平观念和丰富人民大众精神生活的重要工具……公共图书馆应不分年龄、种族、性别、宗教、国籍、语言或者社会地位,向所有的人提供平等的服务,还必须向由于种种原因不能利用其正常的服务和资料的人(如少数民族、残疾人、病人和监狱囚犯

---

❶ 肖雪.多学科视野中的国外老年人阅读研究综述[J].中国图书馆学报,2014(3):100-113.

等)提供特殊的服务和资料。"❶按照此内容,图书馆权利具体可理解为图书馆应保障每个公民享有基本的阅读权利,尤其要关注和充分保障特殊群体的阅读权利。这种观点与IFLA等国际组织认可的公共图书馆目标相吻合:"图书馆和信息服务机构有助于解决由于信息差距和数字鸿沟而造成的信息占有的不平等。图书馆通过互联网为用户提供他们在科学研究和技术创新中所需的信息,进而促进社会的发展和人类的幸福。"❷

一方面,图书馆保障公民的基本阅读权利是维护社会公正的体现。图书馆能够使全体社会成员共享知识社会的发展成果,为公众提供参与社会管理和经济活动及日常生活所必需的基本知识,这符合《公共图书馆宣言》(1994)的要求——"自由、繁荣及社会与个人的发展是人类根本价值的体现。人类根本价值的实现取决于智者在社会中行使民主权利和发挥积极作用能力的提高。人们对社会及民主发展的建设性参与,取决于人们所受良好教育及存取知识、思想、文化和信息的自由开放程度"❸。图书馆作为一种典型的公共物品,拥有海量的知识资源,并不以营利为目的,具有明显的公共物品正外部性,是社会通过对阅读资源的公正分配和均衡配置实现信息公平的非营利性公共机构。图书馆通过信息和知识的平等提供而达到社会公平的宏伟目标。这里社会公平意味着所有社会成员都可以平等地享有各项公民权利,包括有效参与社会管理、公平地获得社会资源及享有经济与社会发展成果等。而且在社会公平的二维向度中,机会公平是基本要素,主要表现在:社会成员能够平等地参与政治、经济、文化活动,获得

---

❶ 联合国教科文组织.公共图书馆宣言1994[EB/OL].[2014-05-15].http://baike.baidu.com/link?url=ZLg9FVZy4Q1B0W1_V-6xzr3pREnlR7TX_B-AJ4vXUtDVjSmGtvKZSEoFFC4Rao6SAtHaOQ9Sc3s2v8CBRcveG_.

❷ IFLA.图书馆及其可持续发展的声明[EB/OL].[2013-11-26].http://www.ifla.org/publications/statement-on-libraries- and- sustainable-development.

❸ 联合国教科文组织.公共图书馆宣言1994[EB/OL].[2014-05-15].http://baike.baidu.com/link?url=ZLg9FVZy4Q1B0W1_V-6xzr3pREnlR7TX_B-AJ4vXUtDVjSmGtvKZSEoFFC4Rao6SAtHaOQ9Sc3s2v8CBRcveG_.

资源,接受教育和培训、获取信息等❶。在这里,图书馆被认作是保障公民基本阅读权利、维护信息公平、消除社会数字鸿沟的重要组织和机构。

另一方面,图书馆保障公民的基本阅读权利遵循知识自由等图书馆核心价值理念。图书馆作为重要的文化教育机构为社会公众提供终身教育,不仅具有一般文化属性,同时兼具向所有公众提供平等的信息服务的基本职能与使命。可以说,社会公平是图书馆追求的永恒目标。其一,平等对待用户既是图书馆为了保障公民自由而平等地获取知识必须遵循的基本原则,也是图书馆员必须遵循的基本职业操守;其二,图书馆应对所提供的资料平等对待、无差别处理,反对来自图书馆内外部的审查❷。图书馆对任何作者的、反映任何思想观点的和来自任何渠道的图书,都必须坚持同样的原则——"馆藏资料和图书馆服务不应受到任何意识形态、政治或宗教审查制度的影响,也不应屈服于商业压力"❸。"没有正当的理由,图书馆不能对某种资料进行特殊处理,不能对资料的内容加以增删改动,不能把资料从书架上撤除或将资料废弃。"❹而且,我们在强调对图书馆知识平等、自由获取的同时,还要相信公众具有一定的理性,能够独自对信息的内容、价值、优劣进行判断,并能够为自己的行为负责。这样的平等获取才是真正意义上的自由获取与利用,这要求图书馆以保障公众的知识自由为一切行为的根本,既反对来自内外部的审查制度,又反对来自图书馆内部的自检。

二、图书馆尤其要关注特殊群体的阅读权利

2006年公布的《世界发展报告:公平与发展》指出,世界范围内的信息

❶ 范并思.图书馆资源公平利用[M].北京:国家图书馆出版社,2011:2.

❷ 王政,洪伟达.知识自由在图书馆核心价值体系中的地位与作用[J].图书情报工作,2010(11):35-39.

❸ 联合国教科文组织.公共图书馆宣言1994[EB/OL].[2014-05-15].http://baike.baidu.com/link?url=ZLg9FVZy4Q1B0W1_V-6xzr3pREnlR7TX_B-AJ4vXUtDVjSmGtvKZSEoFFC4Rao6SAtHaOQ9Sc3s2v8CBRcveG_.

❹ 李国新.日本图书馆法律体系研究[M].北京:北京图书馆出版社,2000:285.

不公平问题的首要对策就是在富有的、有权势的群体与缺乏机会的、贫困的群体之间进行信息的重新分配,所有人都应具有平等地获取、利用自身所需信息的权利❶。阅读困难群体通过图书馆获得免费的阅读服务、获取信息和知识、接触互联网、接受社会教育、参与培训,这是他们能够负担得起的(对某些人来说甚至是唯一的)主要权利(如信息权利、阅读权利、文化权利和受教育权)实现手段和信息获取渠道。正如 Ayers 和 Liu 的研究所揭示的:有13%的调查对象认为公共图书馆是他们获取数字化信息的唯一途径❷。图书馆作为民主政府保障公民知识自由而做出的制度安排,其存在的重要核心价值与公共目标之一在于保障人们获取、接受、利用图书馆中信息和知识的权利。所以为公众提供平等的公共文化服务和终身教育是图书馆的神圣使命,保障全体公民的基本阅读权利符合公共文化发展目标。而对于阅读困难群体的图书馆使用障碍而言,IFLA 在《2006—2009 年战略计划》中曾指出:"为确保所有人都能获取信息,IFLA 致力于使人们能够无障碍地认知、学习和交流。IFLA 也非常重视促进信息获取内容的多语种、文化多样性及满足原著居民、少数民族和残疾人的特殊需求。"❸所以,图书馆理应在提供普遍均等、对所有人开放服务的同时,将社会各类群体囊括进图书馆服务范围,并在经费、人员、资源、服务等方面向特殊群体倾斜,使其在社会的公共服务体系中真正受益,关注和强调对特殊群体权益的保护❹。这一点在中国图书馆学会 2008 年发布的《中国图书馆服务宣言》中也有明确的体现:"图书馆以公益性服务为基本原则,以实现和保障公民基本阅读权利为天职,以读者需求为一切工作的出发点……图书馆致力于

---

❶ 2006 年世界发展报告:公平与发展(全文)[EB/OL].[2014-07-02].http://www.china.com.cn/economic/txt/2005-09/21/content_5975712.htm.

❷ Kathleen Ayers, Yan Quan Liu. Enhancing Digital Information Access in Public Libraries [J]. Proceedings of the American Society for Information Science and Technology, 2006, 43, (1):1-25.

❸ IFLA2006-2009 年战略计划[EB/OL].[2014-07-12].http://www.chnlib.com/News/yejie/2586.html.

❹ 周吉.定位于弱势群体的公共图书馆延伸服务[J].图书馆建设,2008(10):99-101,105.

消除弱势群体利用图书馆的困难,为全体读者提供人性化、便利化的服务❶。《中国图书馆服务宣言》是国内首个提出公民阅读权利的政策性文件,其中明确了图书馆阅读权利的核心内涵,并强调了图书馆应致力于消除弱势群体利用图书馆的困难,可作为图书馆为阅读困难群体服务的纲领性文件。

第二节　图书馆为阅读困难群体服务的优势

自古以来,阅读就是人类获取信息、增长知识的基本手段。阅读能力与权利的缺失导致阅读困难群体阅读资源获取数量、质量与渠道受限,而阅读资源的匮乏将直接影响阅读困难群体的社会竞争能力、公共话语权及参与社会活动的程度,使其处于社会边缘化状态、被社会主流文化排斥、文化权益无法得到保障,甚至造成经济上的窘迫与社会竞争中的劣势,成为社会弱势群体。图书馆作为国家和政府为保障公民自由、平等地获取信息和知识而进行的制度安排,对于保障阅读困难群体的基本文化权益、实施终身教育不仅具有极为现实的意义,而且还具备得天独厚的优势。

一、理念优势

(一)知识自由——阅读权利的正当性

《世界人权宣言》第十九条款明确表示:人人享有主张和发表意见的自由;此项权利包括持有主张而不受干涉的自由,通过任何媒介和不论国界寻求、接受和传递消息和思想的自由❷。这种自由在图书馆领域主要体现

---

❶ 中国图书馆服务宣言[EB/OL].[2015-05-20].http://wenku.baidu.com/link?url=CxTQrv7xHf4CXWJ3i2a295GYgfnsZQ6DyYA8GszoHORfZHgHUFNypDkrOTLfmC7SIwc2Qp_lml9uiziylJn-KMMukDx9fA1xccw8W1CxIfK.

❷ 世界人权宣言[EB/OL].[2014-08-28].http://wenku.baidu.com/link?url=M4xXBsneP5j_Hp_yK-wkd5K-GGbUqShQLc MAyEBH8QRC1Yj3_qlvsoJJLbjzJI6tKAW5M6twmTGuOfoot0-1yfAUtQ9bqBaZdkLmAoLu5k3_.

为知识自由。"知识自由"（Intellectual Freedom）一词是舶来品，源引自国外文献对"Intellectual Freedom"这一英文术语的阐释，也有学者将其翻译成"智识自由"。知识自由最早是由 ALA 首先提出的，ALA 将知识自由的内涵界定为："人人享有不受限制地寻求与接受带有各种观点的信息的权利，图书馆应提供对各种思想所有表达的自由获取，从而可以发现某个问题、动机或运动的任何或所有方面；知识自由包括三部分内容，即知识持有的自由、知识接收的自由、知识发布（传播）的自由。"[1]早在 1939 年，ALA 就通过了著名的《图书馆权利法案》（也有译作《图书馆权利宣言》，*The Library Bill of Right*），其中就针对包括禁书问题在内的及由禁书问题延伸出来的知识自由问题，声明了图书馆界的意见和主张。1948 年，ALA 又大规模修订了《图书馆权利法案》（在 1963 年修订中加入"年龄"部分），之后又陆续出版了《阅读自由宣言》（*The Freedom of Read Statement*）、《思想自由宣言》（*The Intellectual Freedom Statement*）、《学校图书馆权利法案》（*The School Library Bill of Rights*）等一系列政策性文件，并在这些文件中都特别强调每个人都享有获取信息的自由和表达的自由，不分尊卑贵贱、种族血统都享有使用图书与其他信息资源的权利。

　　ALA 提出的知识自由理念不仅为世界各国开展知识自由研究提供了理论支持，同样，ALA 大量的知识自由活动在行动上引领了图书馆界的知识自由实践。ALA 开展的知识自由相关活动包括：1940 年，专门成立"知识自由委员会"（Intellectual Freedom Committee，IFC），作为 ALA 知识自由政策拟定和推广知识自由教育的单位[2]；1967 年，成立"知识自由办公室"（Office for Intellectual Freedom，OIF），并将 IFC 作为知识自由的政策拟定单位，将

---

[1] ALA.Library Bill of Rights [EB/OL]. [2014-05-28]. http://www.ala.org/ala/oif/basics/international freedom.htm.

[2] ALA.Intellectual Freedom Committee [EB/OL]. [2014-02-24]. http://www.ala.org/ala/oif/ifgroups/if-committee/intellectual.cfm.

OIF 作为执行单位❶；1969 年，成立"阅读自由基金会"（Freedom to Read Foundation），为因维护知识自由而遭遇法律诉讼、收入减少或个人伤害的馆员提供法律和财政上的援助❷；1971 年，成立"馆员调解、仲裁与调查委员会"（Staff Committee on Mediation，Arbitration，and Inquiry，SCMAI），专门处理馆员因维护知识自由所带来的工作迫害，如任期、雇佣等问题❸；1973 年，成立"知识自由圆桌会议"（Intellectual Freedom Round Table，IFRT），为 ALA 成员提供有关知识自由的活动，并设立知识自由奖项以表彰表现杰出的团体、个人和出版物。IFRT 为探讨有关图书馆和馆员知识自由行动、项目以及在此过程中出现的问题提供了一个交流和研究平台，为 ALA 成员在图书馆内自由获取和自由表达提供了更多的机会。此外，IFRT 还给予遭遇审查制度危害的馆员大力支持，并负责发起拟定 ALA 年度会议中主要的知识自由计划及议题，并定期（一年两次）发布知识自由进展报告（该报告是一份有关美国图书馆和馆员宣传知识自由方面的时事及发表意见、评论和分析的简报）。IFRT 作为有关知识自由问题的交流平台，促使更多的馆员加入维护知识自由的行列，提升了美国图书馆及图书馆员实施知识自由政策的责任感❹。

在国际层面，对于图书馆维护知识自由的公共目标，联合国教科文组织在《公共图书馆宣言》中明确提出：公共图书馆应在人人享有平等利用权力的基础上，不分年龄、种族、性别、宗教信仰、国籍、语言或社会地位向所有人提供服务；对那些因某种原因不能享用常规服务和资料的用户，例如少数民族、残疾人、医院病人和监狱囚犯等弱势群体，公共图书馆必须向其

---

❶ ALA.Office for Intellectual Freedom ［EB/OL］.［2014-02-24］.http://www.ala.org/template.cfm?section=oif.

❷ ALA.Freedom to Read Foundation ［EB/OL］.［2014-02-24］.http://www.ala.org/ala/ourassociation/othergroups/ftrf/ freedomreadfoundation.cfm.

❸ 王明玲.知识自由在国际图书馆界的新近发展与其省思［J］.大学图书馆，2000（2）：147-166.

❹ ALA.Intellectual Freedom Round Table［EB/OL］.［2014-02-24］.http://www.ala.org/ala/ifrt/ifrt.cfm.

提供特殊服务和资料❶。同样,IFLA 在 1999 年发布的《IFLA 图书馆与知识自由声明》中特别强调,"知识自由是图书馆和信息同行的核心责任","图书馆应尽力发展和保护知识自由"❷。为了进一步强调知识自由问题,IFLA 于 2002 年相继发布了《图书馆、信息服务机构及知识自由的格拉斯哥宣言》《IFLA 因特网宣言》和《图书馆及其可持续发展的声明》等文件,并在这些权威性文献中指出,"IFLA 强调促进知识自由是世界范围内图书馆和信息服务机构的主要职责",认为知识自由是"每个人应该享有的持有和表达主张及寻求并接受信息的权利,是图书馆服务的核心。不论通过何种媒介、属于哪个国家,自由获取信息都是图书馆和信息行业的中心职责","承认图书馆和信息服务机构通过保障信息的自由获取和传递进而促进社会的可持续发展"❸。IFLA 在《2006—2009 年战略计划》中指出:"IFLA 与图书馆和信息服务机构将共同协助世界各国人民创造并参与平等的信息和知识社会,并在他们的日常生活中享有自由获取信息和言论自由的权利。"❹由此可见,图书馆作为民主政府保障公民知识自由而做出的制度安排,其存在的重要核心价值与公共目标之一在于保障人们获取、接受、利用图书馆中信息和知识的权利。

如果说早在公共图书馆产生之前图书馆的活动目标是满足社会统治力量和特殊阶层对知识垄断的需要的话,那么公共图书馆制度的产生改变了这种目标,使图书馆的活动目标变为满足人们对知识自由的需要,也可理解为保障公民阅读权利。从图书馆建设初衷出发,世界各国普遍设立图书

---

❶ 公共图书馆宣言[EB/OL].[2013-11-26].http://wenku.baidu.com/link?url=fWSgJ4Ve99FLNdc5
dokSRrIdYQLGaVKbkX-xSCChXvvslzQz2JenNgk3IEbfISdI9lL1K5vsvzsdBKYo1q5ubFN5UNs0FFZ5kxKg1_
41u5y.

❷ 蒋永福.信息自由及其限度研究[M].北京:社会科学文献出版社,2007:55.

❸ 胡秋玲.自由获取知识与信息——《格拉斯哥宣言》、《国际图联因特网声明》和《图书馆与可持续发展声明》发表[J].图书馆建设,2003(2):101-102.

❹ IFLA2006-2009 年战略计划[EB/OL].[2014-07-12].http://www.chnlib.com/News/yejie/2586_2.html.

馆建制尤其是公共图书馆建制,就是为了保障公民的知识自由权利❶。尽管图书馆诞生的本质原因并非是为了满足公民知识自由的需要,但随着民主政体时代的来临,保障公民知识自由权利已成为社会赋予图书馆的主要使命,这对后来由图书馆来保障阅读群体的阅读权益产生重要而积极的影响。阅读权利的保障需要以知识自由权利的保障与实现为基础,知识自由理念是图书馆阅读服务与活动根基。

(二)信息公平——阅读资源配置的准则

我国《图书馆服务宣言》(2008)开宗明义提出,"现代图书馆秉承对全社会开放的理念,承担实现和保障公民文化权利、缩小社会信息鸿沟的使命"❷。信息公平作为现代图书馆的重要基本理念之一,在图书馆精神、文化、形象、制度、资源、服务等方面,形成了一系列价值判断、组织偏好和管理风格。信息公平强调从深层伦理价值对现代图书馆理念和制度设计进行现实反思❸,在管理与服务中其更加重视图书馆对公众需求的回应,而不是组织本身的需要。信息公平理念要求现代图书馆要恪守以人为本的宗旨意识,在确保"图书馆面前人人平等"的基础上,既要在社会活动中彰显图书馆服务的公益性与人文性,尤其是面向弱势群体、阅读困难群体等的服务保障,又要在制度实践上充分体现它在建设社会信息与文化保障和信息公平制度方面的重要地位及其作为公共文化服务机构所承担的社会责任。信息公平的实质是知识权利的平等和实现。对于图书馆来说,应强调从"服务社会"到"公益社会"、由"普遍服务"到"普遍获取"的伦理责任到法律义务的价值转向。在图书馆阅读权利维护服务活动中,信息公平主要体现在:图书馆服务制度与技术规则公平,为每一个用户提供公平参与知识活动的制度环境;图书馆权利平等,不受阅读主体的家庭背景、种族、性别及资本占有状况等因素的限制和影响;图书馆阅读资源获取机会均等,应

❶ 蒋永福.关于知识自由与图书馆[J].图书馆杂志,2003(8):9-12.

❷ 图书馆服务宣言[J].中国图书馆学报,2008(6):5.

❸ 李昊青.现代多元语境中的信息公平本体论研究[J].图书情报工作,2011,55(4):44-47,89.

优先保证阅读能力低下的阅读困难群体对图书馆的利用❶。

　　在国际上，1966 年通过的《公民权利和政治权利国际公约》第 27 条规定："在那些存在着人种的，宗教的或者语言的少数人的国家中，不得否认这些少数人同他们的集团中的其他成员共享自己的文化，信奉和实行自己的宗教或者使用自己语言的权利。"❷图书馆是通过向社会公众提供阅读资源或信息产品，以保障公众文化权利、缩小社会信息/知识鸿沟、维护社会信息公平而创设的一种制度安排❸。图书馆制度是对信息公平价值观的制度化实践，信息公平是图书馆调节知识或信息分配准绳。在社会分层与社会流动角度上，阅读资源的配置只有遵循信息公平原理，才能保证一个人由生产部门准入获得社会阶层准入。因此，图书馆在进行阅读资源调节与配置时要时刻以信息公平为准则，并在提供阅读服务和阅读资源时表现出信息公平的社会价值和现实责任。

（三）社会包容——消除阅读障碍与个体差异❹

　　1974 年，法国学者勒内·勒努瓦（Rene Lenoir）首次提出了"社会排斥"（social exclusion）这一概念，从反向意义上映射了"社会包容"（social inclusion）的含义❺。2007 年，艾纳·博立叶教授在 IFLA 大会上作的题为《图书馆促进社会包容：我们如何思考……》的发言中，对社会包容给出较为完整的定义："我们必须从社会排斥定义社会包容。社会排斥往往与贫穷关联，但远不止于此。其发生于人群或者区域的一系列的问题，如失业、歧视、技能

---

❶ 郭海明.解读《图书馆服务宣言》中的公共服务理念[J].图书馆理论与实践,2010(2):27-29.

❷ 联合国.公民权利和政治权利国际公约[EB/OL].[2015-06-28].http://www.douban.com/group/topic/3615545/.

❸ 李昊青.图书馆哲学语境中的现代图书馆文化图式研究[J].图书馆,2011(4):8-11.

❹ 王政,洪伟达.公共图书馆:社会包容还是社会排斥——穆德曼公共图书馆社会排斥项目评介[J].中国图书馆学报,2013(5):122-130.

❺ 吴桐.国外公共图书馆的社会包容理念与实践及其对我国的启示[J].情报资料工作,2010(3):24-27.

贫乏、住房条件差、卫生条件恶劣等。图书馆需要解决社区对少数人群的社会排斥及一个更大的社区中对于少数人的信息和信息获取的排斥"❶。受到社会排斥的群体一般是各类弱势群体,因而图书馆促进社会包容首先需要解决为少数特殊人群服务的问题。

英国利兹城市大学信息管理学院的穆德曼等人针对图书馆领域的社会包容问题展开"向所有人开放吗？公共图书馆与社会排斥"项目(课题)研究,其内容包括三个部分:第一部分为概述,对社会包容的内涵进行整体描述,探讨了公共图书馆与相关信息机构面临的社会包容问题的本质,并对英国129所公共图书馆进行了调研。第二部分以调研报告、案例研究与方法研究为主,对细节问题进行了实证研究。第三部分整理出该项目组主持人及成员发表的16篇学术论文,其主题分别是:①社会排斥理论与公共图书馆;②社会排斥的历史沿革;③公共图书馆与社会阶级;④文化、社会排斥与公共图书馆;⑤消除社会排斥;⑥国家、公众与公共图书馆在解决社会排斥问题中的作用;⑦用户与公众对公共图书馆的认识;⑧儿童、青少年问题;⑨同性恋者与变性者问题;⑩老年人问题;⑪残障人士问题;⑫女性问题;⑬种族排斥问题;⑭国家与地方政策;⑮馆藏调整;⑯信息与通信技术对公共图书馆社会排斥的影响。❷该项目的系列研究成果从不同角度论证了公共图书馆社会包容理念的必要性及针对不同用户群体(如老年人、未成年人、妇女、性工作者)开展图书馆服务的措施,其研究方法与系列研究成果对图书馆领域探讨公共图书馆社会包容的理论和实践具有重要的学术价值与实践指导意义。IFLA在信息自由获取和自由表达委员会(Committee on Free Access to Information and Freedom of Expression,FAIFE)2010世界报告中强调,图书馆要关注妇女、残疾人和老年人等弱势群体,并设立专门研究妇女在获取信息方面问题的"妇女、信息和图书馆特别兴趣小组"

---

❶ 范并思,周吉.公共图书馆与社会包容[J].图书馆理论与实践,2010(2):70-74.

❷ Dave Muddiman.Open to All? The Public Library and Social Exclusion[M].London:Resource,2000.

（Women，Information and Libraries Special Interest Group，WILSIG）❶，同时为住院病人、囚犯、行动不便的老年人、身体或者智力方面存在问题的残疾人等特殊需求人群提供图书馆服务（Section for Library Services to People with Special Needs，LSN）❷。正如自20世纪90年代英国政府对公共图书馆教育的高度评价："公共图书馆作为'街角大学'，对于促进教育和社会包容起着关键作用"❸。

　　上述研究与实践均表明，图书馆为所有人提供平等的服务，尤其是为阅读困难群体提供知识获取途径、丰富阅读困难群体所需的阅读资源与知识内容、提高阅读困难群体的知识利用能力、保障阅读困难群体的阅读权利，恰恰体现了现代图书馆的社会包容理念以及消除社会排斥、促进社会和谐的使命。阅读困难群体通过图书馆参与对多元文化的知识获取，接受文化素养教育，享用无差别、无歧视的图书馆阅读服务，能够感受到来自社会的关注与温暖，增强政治参与能力与社会话语权。从宏观意义上讲，图书馆为阅读困难群体提供服务的本身就是图书馆对于缩小数字鸿沟、促进阅读困难群体融入和谐社会的积极作为。这不仅是图书馆对于知识自由、信息公平、社会正义等核心价值的实践，而且是时代赋予其的崇高社会责任及推进社会包容的特殊使命。阅读困难群体由于阅读需求不明确、阅读行为受限、阅读环境不良等复杂因素影响而无法实施有效的阅读行为、获取知识，往往处于社会边缘地位，远离文化氛围，较难获得社会主流知识文化。更为严重的是，这种知识贫困可以代际传递，通过家庭关系影响下一代的阅读习惯与知识获取方式，形成新一代的阅读困难群体。这种知识文化匮乏导致阅读困难群体与外界缺乏知识、信息和精神方面的交流，在公

---

❶ Women，Information and Libraries Special Interest Group.About the Women，Information and Libraries Special Interest Group［EB/OL］.［2013-06-28］.http://www.ifla.org/about-the-women-information-and-libraries-special-interest-group.

❷ LSN.About the Library Services to People with Special Needs Section［EB/OL］.［2013-06-28］.http://www.ifla.org/ about-lsn.

❸ Lister D.Six Councils Warned Their Libraries Are Substandard［J］.The Independent，1999（2）:8.

共事务决策中缺少话语权,其民主权利与知识自由无法得以保障,逐渐被社会其他群体排斥在主流文化之外。图书馆是由政府和社会力量资助的公共事业,以保障公众平等获取知识、自由选择知识为发展目标。图书馆资源的可获得性和服务的无差别性保障了阅读困难群体的知识自由与机会平等权利,为阅读困难群体提供的特殊服务体现了其社会公共事业的基本立场——缩小"知识鸿沟"、提高社会的包容程度。同时,阅读困难群体通过利用图书馆的资源与服务增进知识积累,提升参与社会活动的能力,消除思想观念上的异化和信仰上的迷茫,有助于促进社会的和谐、稳定发展。

二、实践优势

(一)拥有丰富的阅读资源[1]

图书是图书馆资源的主要内容,是进行阅读活动的重要载体。公共图书馆作为纯公益性文化事业单位,其运营依靠政府的全额财政拨款(即公共税收),所以理应本着"取之于民,用之于民"的原则面向社会无偿提供其所有资源与服务。基于图书馆的公益性质,与其他阅读资源提供者相比,公共图书馆拥有数量庞大、种类繁多、内容丰富的纸本阅读资源与数字阅读资源,一方面具有向全民免费开放与无偿提供各类资源与服务的优势,另一方面具有广泛开展全民阅读活动的良好物质基础。随着国家文化政策的倾斜和全社会对图书馆职能与社会贡献的愈加关注,各级各类图书馆的购书经费逐年上涨,馆藏量逐年上升;同时,数字图书馆技术的发展,使得阅读资源的利用不再局限于图书馆实体空间内,现代图书馆的数字馆藏正从补充性馆藏逐渐转变为替代性馆藏。馆藏资源的日益增长与馆藏结构的日趋完善为图书馆向公众提供海量、优质的阅读资源

❶ 王政,洪伟达.图书馆为阅读困难群体群体服务研究[J].图书馆工作与研究,2014(11):92-95.

奠定了坚实的基础。在信息公平、知识自由现代图书馆核心价值观念的引导下,图书馆遵循知识平等提供与自由获取原则,倡导阅读资源的公平利用。在图书馆资源上,这种信息公平主要则体现在包括图书馆基础设施、阅读资源、教育资源等在内的图书馆资源获取公平和配置公平两方面。其中,图书馆资源获取公平主要侧重知识获取权和基本信息能力的平等性;而图书馆资源配置公平在理想层面体现为不同信息主体对所需图书馆资源的"各取所需"和"所需能取"状态,其在现实中主要强调将可控影响(或干扰因素)降到最低限度,尽最大可能合理配置图书资源,以保障人们对图书资源的公平利用。

正如联合国教科文组织1994年发布的《公共图书馆宣言》中所要求的,"各年龄群体的图书馆用户必须能够找到与其需求相关的资料。公共图书馆必须藏有并提供包括各种合适的载体和现代技术以及传统的书刊资料。重要的是馆藏和图书馆服务是否具有高质量,是否确实满足地方需求、适合地方条件。馆藏资料必须反映当前趋势和社会发展过程,以及记载人类活动和想象的历史。馆藏资料和图书馆服务不应受到任何意识形态、政治或宗教审查制度的影响,也不应屈服于商业压力。"❶因此,阅读资源的提供应普遍遵循知识自由理念。从阅读困难群体的成因来看,阅读资源匮乏是导致其阅读障碍的主要影响因素,他们因缺少疾病健康知识而影响生命健康、因缺少智力劳动能力而经济收入微薄、因缺少精神生活而产生思想观念上的异化和信仰上的迷茫、因缺少社会话语权而无法参与公共决策与政治生活。图书馆集中了全社会最优质的文献信息资源,馆藏文献信息资源丰富、多样、全面,其作为公益性社会服务机构,不仅能够提供各种载体的知识资源以支持人们正规和非正规的学习,有利于缓解阅读资源的不平衡、不对称;其作为公众终身学习的场所,图书馆还能够提供免费的学习场

---

❶ 公共图书馆宣言[EB/OL].[2013-11-26].http://wenku.baidu.com/link?url=fWSgJ4Ve99FLNdc5d okSRrIdYQLGaVKbkX-xSCChXvvslzQz2JenNgk3IEbfISdI9lL1K5vsvzsdBKYo1q5ubFN5UNs0FFZ5kxKg1_4 1u5y.

地与设施,使其能够有机会不断提升、完善自我,促进人的全面发展。可见,图书馆丰富的阅读资源优势能够增加阅读困难群体的资源获取渠道、拓宽阅读困难群体的公共文化空间、缩小阅读困难群体与社会其他群体的知识差距。

(二)具有良好的阅读环境

《公共图书馆宣言》要求,公共图书馆应使社区每一个人都能确实得到图书馆服务。❶在图书馆中,阅读行为的良好实施需要有理想的馆舍空间、安静的阅读环境、良好的阅读学习设施、可用易用的技术支撑和充足的开馆时间。这是因为公共图书馆是公众进行基础阅读和终身学习的公共场所,是公众满足精神文化需求、开展休闲文化活动的必需空间,是一个开放、自由的公共文化空间。公共图书馆的非竞争性与非排他性决定了其促进社会和谐与包容、营造良好的阅读环境与学习氛围的特质。公共图书馆可以通过积极开展形式多样的阅读推广活动,为阅读困难群体打破阅读方式、阅读空间的限制,有助于消除阅读困难群体的空间障碍。同时,公共图书馆的公共空间属性赋予其开展全民阅读活动的空间优势,有助于其充分实现百姓"大讲堂""第二起居室"的独特空间价值。

传统意义上的图书馆环境主要指图书馆设施的便利、易用,空间的舒适、整洁,氛围的文明、和谐。然而,随着社会理念与民众意识的发展,现代意义上的图书馆环境还要求具备安全、自由和可获得性等特点。近期《中华人民共和国国家安全法》的出台与"互联网+"时代的到来,对网络数字阅读环境提出了更高要求,着重强调了网络环境的健康有序、文明安全。图书馆作为传播知识、传递社会正能量的公益性机构,一直以来在阅读环境的构建与打造上花费了较多心思。例如,有学者将生态学相关理念引入图书馆建筑与布置的研究中,试图构建绿色生态的图书馆环境;也有学者强调图书馆微创空间的打造,旨在为创新想法提供实践

---

❶ 公共图书馆宣言 1994〔EB/OL〕.〔2014-05-15〕.http://baike.baidu.com/link?url=ZLg9FVZy4Q1B0 W1_V-6xzr3pREnl R7TX_B-AJ4vXUtDVjSmGtvKZSEoFFC4Rao6SAtHaOQ9Sc3s2v8CBRcveG_.

途径;还有学者提倡图书馆打造"第三空间",充分展现图书馆的公共空间价值。这些创新举措的出发点都是更好地服务读者、吸引更多热爱阅读的人走进图书馆、使不愿学习和读书的人爱上阅读,因此值得提倡与深入研究。

(三)开展多样的阅读推广活动

阅读推广活动是重要的图书馆服务方式之一。早在 1949 年,联合国教科文组织在《公共图书馆宣言》中就表明了国际图书馆界对于阅读推广的关注:"公共图书馆不告诉人们应该思考什么,而是帮助人们决定自己思考什么。因此,必须将注意力置于下列重要活动,展览、书目、讨论会、讲演、课程、电影和个人阅读指导等……必须激励阅读兴趣,不断通过精心策划的公共关系项目宣传推广图书馆服务。"❶图书馆开展多样的阅读推广活动既是图书馆发展的内在要求,也是图书馆服务读者的外在主动行为。首先,阅读推广活动有助于提高社会阅读率,提升公众的文化素养,增加阅读困难群体的社会参与度。图书馆通过开展阅读活动营造全民阅读的社会氛围,使社会公众可以无障碍地利用图书馆的资源与服务。这对于阅读困难群体阅读习惯的培养、阅读行为的引导、阅读活动的实施、公众文化素质与信息素养的提升具有重要的意义,是提升社会整体文明程度的主要阵地。其次,阅读推广活动有助于提高图书馆利用率,加深公众对图书馆的了解。一方面,积极推进全民阅读活动能够增加图书馆的社会影响力,获得社会各界更多的认同与关注,从而影响政府等上级决策机构对图书馆的政策倾斜与经费投入比重,有益于公共图书馆的可持续发展;另一方面,公共图书馆开展阅读推广活动的主动性能够使阅读困难群体有更多的机会接触图书馆资源与服务,如对于阅读困难群体的有益引导,将增加阅读困难群体对图书馆的了解与使用,加大图书馆的社会影响力与社会效益。

❶ 范并思.阅读推广的理论自觉[J].国家图书馆学刊,2014(6):3-8.

(四)提供专业的阅读指导❶❷

图书馆作为公共知识基础设施,通过免费服务、延伸服务、培训服务等方式满足阅读困难群体的阅读需求。对于阅读困难群体来说,信息素养低下、缺乏知识获取渠道与技能是其阅读困难的主要成因之一。图书馆可提供多样化的阅读服务,从书目推荐到阅读方法指导、从阅读价值解读到阅读活动开展等,都有助于提高阅读困难群体的文化素养与生存技能。尤其是对于未成年人而言,良好阅读习惯的养成将影响其语言发展与智力发育。图书馆凭借海量的阅读资源优势与专业的书目推荐能力,针对不同年龄的少儿读者开展分级阅读训练,有效地激发少年儿童的阅读兴趣,把学习和快乐联系起来,完成良好的启蒙教育过程。图书馆多样化的服务方式与读者活动内容不仅为阅读困难群体提供了其所需知识和了解不同文化的平台,而且通过公益性讲座、技能辅导与培训等方式提高其信息素养与生存能力,增加其参与社会活动的机会,从而实现个人的全面发展与提升。例如,美国部分社区图书馆针对外籍人士提供语言学习资料与培训课程,帮助其了解本地情况,通过减少语言障碍与阅读障碍提高这部分群体的社会参与程度;深圳图书馆针对外来青年务工人员提供粤语培训,使其较快融入社会语言环境。

综上,基于信息公平理念,图书馆在服务阅读困难群体过程中,其角色定位主要体现在四方面:其一,是阅读权益保障的捍卫者。"图书馆致力于消除弱势群体利用图书馆的困难,为全体读者提供人性化、便利化的服务",在为阅读困难群体提供图书馆服务和阅读权利保障等方面具有不可推卸的社会责任与法律义务。其二,是社会核心价值的承载者和践行者。公益社会阅读,保障信息公平,体现社会包容,是现代图书馆的核心竞争

---

❶ 王政,洪伟达.图书馆为阅读困难群体群体服务研究[J].图书馆工作与研究,2014(11):92-95.

❷ 张春春.基于图书馆信息生态系统的阅读困难群体服务路径研究[J].图书馆,2014(5):81-83.

力。其中,公平性和公益性是图书馆阅读资源建设配置的本质要求。其三,是阅读困难群体信息需求和信息资源的提供者。在图书馆信息生态系统中,阅读困难群体以一种特殊信息消费者的身份出现,并具有自己的信息需求。图书馆作为信息提供者,应对阅读困难群体在信息资源选择上具有指导与支持作用。其主要表现为阅读资源的公平配置和人性化的供给,并根据该群体的信息需求与行为特征,以恰当的方式进行资源供给,从而维护信息生态系统的整体和谐。其四,是社会阅读服务体系中的重要组成部分。在阅读资源供给系统中,图书馆是众多阅读媒介系统之一,图书馆阅读是社会阅读的一种形态,与其他阅读媒介系统共同构成星罗棋布、遍及城乡的社会阅读服务体系;图书馆阅读既不会为其他媒介阅读所取代,也不可能替代其他各种媒介阅读❶。由此不难发现,图书馆为阅读困难群体服务本身具有内在价值与阅读资源上的必然优势,以及承担社会信息素养教育和信息/文化权益保障的现实职能。

第三节　国外阅读困难群体服务实践略举

国外图书馆对阅读困难群体的研究起步较早,各国各类图书馆在联合国教科文组织《公共图书馆宣言》的指导下均开展了大量有针对性的实践活动。本节将着重介绍几个具有代表性的图书馆为阅读困难群体服务的实践,以供开拓研究思路,探寻创新服务路径。

一、国际组织

（一）联合国

在联合国层面,1970年联合国教科文组织第16届大会通过决议,将1972年定为"国际图书年"（International Book Year）,主题口号为"人人享有

---

❶ 王虹.图书馆阅读的行为角度研究——基于阅读困难群体问题的思考[J].图书情报知识,2014（1）:83-89.

图书"(Books for All!)。该活动的目的是希望唤起各个国家和机构对这一现象的关注,促进图书的全球交流,帮助发展中国家解决"书荒"问题。发起"国际图书年"活动的意义在于促进世界上所有地区书籍与阅读的均等化,这是通往持久和平的必由之路[1]。1993年,联合国大会通过针对阅读困难群体的政策性文件《残疾人机会均等准则》,为阅读障碍者无障碍地获取信息服务和文献提供了可遵循的准则,强调各国应制定策略使各类残疾人无障碍地使用信息服务和文献,应使用适当的技术,使有视力、听力缺陷的人,有理解困难的人无障碍地获取信息。1997年3月5日,联合国教科文组织总干事和埃及文化部部长签署了关于发起国际"全民阅读"(Reading for All)运动的备忘录。同年11月24至25日,第一次"全民阅读"专门小组会议在埃及阿斯旺市举行,这次会议的最终成果是决定开展全球性的"全民阅读"项目,这意味着以该项目为标志的全球性全民阅读运动拉开帷幕[2]。事实证明,"全民阅读"运动在埃及的普遍推广对于减少文盲和减少辍学现象效果明显。

(二)国际图联

IFLA从20世纪90年代开始对阅读困难群体保持持续关注,并通过下属的图书馆服务弱势群体委员会(Libraries Serving Disadvantaged Persons,简称LSDP)和图书馆为书本残疾人群服务委员会(Libraries Serving Persons with Print Disabilities Section,LPD)来具体实施。其中,LSDP把服务于阅读障碍人群作为研究和工作的内容之一;LSN以在使用传统图书馆服务或者资料上处于劣势或者因为各种原因不能利用传统图书馆服务的人群为研究对象。IFLA的下属机构近年来在为阅读困难群体服务方面进行了大量的理论研讨实践探索,详见表4-1。

---

[1] UNESCO.Anatomy of an International Book Year 1972[EB/OL].[2012-06-19].http://unesdoc.unesco.org/images/0001/000122/012250eo.pdf.

[2] 赵俊玲,郭腊梅,杨绍志.阅读推广:理念·方法·案例[M].北京:国家图书馆出版社,2013:202.

表4-1　IFLA对于图书馆服务阅读困难群体的研究与实践推进❶

时间	地点	会议议题与内容
1997年	丹麦哥本哈根IFLA大会	组成了"获取信息：为阅读障碍者服务"工作小组，探讨什么是阅读障碍、阅读障碍症的表征、图书馆需要了解哪些背景知识以及如何让阅读障碍者在图书馆感受到温暖等基础问题
1999年	泰国曼谷IFLA大会	主题会议"阅读障碍无处不在，你的图书馆在做什么？"
2001年	美国波士顿IFLA大会	主题会议"阅读障碍：图书馆的挑战与对策"，讨论了图书馆为阅读障碍者服务所需要的专业知识和软硬件设施要求，并在此基础上发布报告《图书馆为阅读障碍人士服务指南》（ *Guidelines for Library Services to Persons with Dyslexia* ）
2005年	挪威奥斯陆IFLA大会	发布报告《残障人士利用图书馆：目录指南》，内含物理通道的设置规定、馆藏资源类型、服务和交流规则等，对图书馆为残障人士服务提供参照条款
2006年	韩国首尔IFLA大会	主题会议"图书馆为阅读障碍者的服务"
2008年	加拿大魁北克IFLA大会	LSDP更名为图书馆特殊群体服务部（Library Services to People with Special Needs，LSN）
2009年	意大利米兰IFLA大会	主题会议"如何为书本残障人群服务"，明确将视障人群、阅读障碍者及因其他疾病而无法进行书本阅读的人群共同归类为书本残障人士
2010年	丹麦哥本哈根IFLA大会	主题会议"享有阅读权利"

---

❶ 黄丹俞，张志美.IFLA推动图书馆阅读障碍服务：起源、进程与成效［J］.图书情报工作，2013（21）：76-80.

续表

时间	地点	会议议题与内容
2012年	芬兰赫尔辛基IFLA大会	主题会议"让我们读书吧——青少年阅读障碍"

(三)国际阅读协会

国际阅读协会(International Reading Association，IRA)创始于1956年，目前有100多个国家参与，世界各地共有10万多名会员，是一个致力于全世界扫盲的非营利组织。协会成员由教师、阅读专家、顾问、行政人员、高校教师、研究员、心理学家、图书馆员、媒体专家、学生以及家长组成。IRA支持扫盲专业人员通过利用各种各样的资源，进行相关的宣传工作、志愿服务和专业发展活动。IRA的宗旨是通过研究阅读过程和教学方法来提升全民的阅读质量，使每个人都拥有阅读的能力，并鼓励终身阅读，其主要工作有：从事阅读方面的研究、召开会议进行交流、出版学术刊物、组织评奖、推荐图书和资源及其他资源❶。随着阅读困难群体数量激增、阅读障碍问题日益严重，欧洲、美国、英国、加拿大、新加坡等国纷纷成立了阅读障碍协会，致力于为本土阅读障碍者提供充分的帮助。

(四)国际儿童读物联盟

国际儿童读物联盟(The International Board on Books for Young People，IBBY)成立于1953年，全世界有69个分支机构，致力于促进国际间相互了解，使世界各地儿童都有机会接触到具有高文学水准和高艺术水准的图书；鼓励并支持各国尤其是发展中国家高品质图书的出版和发行；对那些致力于儿童和儿童文学事业的人们提供援助和培训，激励儿童文学领域的

---

❶ 赵俊玲，郭腊梅，杨绍志.阅读推广：理念·方法·案例[M].北京：国家图书馆出版社，2013：22-25.

研究和学术事业❶。近年来，IBBY作为非营利性国际非政府组织，与许多政府组织、非政府组织及个人开展合作，包括：设立"安徒生奖"，奖励儿童作家；设立"朝日阅读推广奖"，奖励那些为阅读推广做出贡献的团体；开展"海啸恢复计划"，帮助受灾地区推广阅读，恢复教育；实施"YAMADA"项目，建立独立接触世界各地文化的桥梁；发起"国际儿童图书日"，唤起人们对于读书的热爱和对儿童图书的关注；设立"IBBY残疾青少年图书文献中心"，为残疾儿童提供阅读场所；主持许多关于童书写作、插图绘画、出版、推广及发行工作的专题讨论会；出版儿童文学季刊《书鸟》，促进儿童文学的发展❷。

二、欧美国家

（一）美国

据相关统计显示，美国人口中约有10%~15%的人患有阅读障碍症。为唤起全民阅读意识、帮助民众掌握阅读技巧、提高全民阅读率，美国政府尤其是历任美国总统都高度重视阅读及阅读推广活动，致力于消除公众面临的所有阅读困难。里根总统把1987年确定为美国"读书年"，并先后策划推出"美国阅读挑战"（America Reads Challenge）、"美国阅读项目"（Reading Program in US）、"卓越阅读方案"（Reading Excellence Program）等项目。1996年，克林顿总统签署《图书馆服务与技术法案》，规定"图书馆向弱势群体提供知识服务时都有得到资助的优先权，这些知识服务的对象主要包括残疾人、母语非英语的人群、文盲或者半文盲、失业者、生活贫困的人"❸。1998年，一份名为《预防青少年阅读困难》报告的发布推动了"阅读高峰会"的成

---

❶ 王泉根.国际儿童文学澳门论剑——中国澳门2006国际儿童读物联盟IBBY第30届世界大会综述[J].湖南科技学院学报,2007(2):12-15.

❷ 赵俊玲,郭腊梅,杨绍志.阅读推广：理念·方法·案例[M].北京：国家图书馆出版社,2013：17.

❸ 图书馆服务与技术法案[EB/OL].(2006-11-30)[2008-12-11].http://www.njstatelib.org/LDR/LS-TA/#lsta.

立,此后美国教育部将每年9月定为"峰会"举办月,并广泛邀请专家学者研究青少年的阅读问题,共同讨论解决之道❶。1998年10月21日,美国国会通过了具有里程碑意义的《卓越阅读法》(The Reading Excellence Act, REA),该法案为各州提供50万美元具有竞争力的资助资金,旨在通过使用"基于科学的阅读研究"(scientifically based reading research)结果,提高学生的阅读技能和阅读教师的指导技能❷。2002年1月,布什总统提议并制定《不让一个孩子掉队法》(No Child Left Behind Act of 2001)的教育改革法案,以"阅读优先"政策为主导,要求受资助的学校提供有科学依据的阅读指导,帮助学生解除有关阅读方面的障碍,旨在提高学生的阅读能力,使其达到三年级时能够熟练阅读的程度。2006年,克林顿总统发起"美国读书运动",目的是必须使每名8岁的美国儿童学会阅读,而这也成为此后美国教育发展的三大目标之一❸。2009年2月,奥巴马总统继续推行全民阅读方案,在《美国复苏和再投资法案》(The American Recovery and Reinvestment Act of 2009, ARRA)中强调要重视在初级教育阶段开展阅读提高计划,并加强对教师和学校领导的培训❹。

　　除了政府层面的政策性推动与引导,美国的各类政府组织、非政府组织也都广泛开展阅读推广活动。1997年,美国国会指定"国家儿童保健及人类发展院"(NICHD)与教育部协商任命了一个专门研究各种阅读教学法效力的专家小组——全美阅读研究小组(National Reading Panel, NRP),该小组的14位成员,除联邦官员及特定阅读教学法专家以外,均是从阅读研究学者、心理学家、小儿科医生、校长、教师、家长中遴选出来的❺。该小组于

　　❶ 王翠萍,刘通.中美阅读推广比较研究[J].情报资料工作,2012(5):96-101.

　　❷ Robert W, Sweet, Jr.The Reading Excellence Act:A Breakthrough for Reading Teacher Training[J].The National Right to Read Foundation, 1998(12).

　　❸ 赵俊玲,郭腊梅,杨绍志.阅读推广:理念·方法·案例[M].北京:国家图书馆出版社,2013:28.

　　❹ 赵俊玲,郭腊梅,杨绍志.阅读推广:理念·方法·案例[M].北京:国家图书馆出版社,2013:28.

　　❺ About the National Reading Panel(NRP)[EB/OL].[2012-07-22].http://www.nationalreadingpanel.org/NRPAbout/about_nrp.htm.

2000 年 4 月 13 日发布了长达 449 页的研究报告——《教孩子们阅读》（*Teaching Children to Read*），其中确认"音素认知（Phonemic Awareness）教学法"是教导儿童阅读及提高阅读理解能力的最佳方法❶。ALA 作为美国图书馆界的最高权威，下设有特殊人群图书馆服务部（ASCLA's Libraries Serving Special Populations section），主要服务于视力、听力、活动性和发展能力等方面有障碍的群体❷；ALA 下属的文化素养和上门服务办公室（The American Library Association's Office for Literacy and Outreach Services，OLDS）推出"读写和平等获取信息"行动计划，受众群体涵盖了地理上处于隔离的人群、农村和城镇穷人、流浪者及由于种族、信仰、性别、年龄、语言和社会阶层而受到歧视的人群❸；ALA 下属的分支机构青少年图书馆服务协会（Young Adult Library Service Association，YALSA）于 1998 年推出了"青少年阅读周"活动，将每年 10 月份的第三周定位青少年阅读活动时间，以鼓励青少年投入阅读并以阅读为乐趣，同时建立了活动专用网站，用以推荐书目、新书信息及提升阅读能力方面的辅导资料❹。值得一提的是，ALA 也积极开展了较多丰富多彩的阅读活动，如"让我们来谈论它"（Let's Talk About It）以激发中学生的阅读兴趣为主要宗旨❺，并在网站上定期发布一些旨在帮助阅读障碍症儿童的互动活动。在美国，另一个比较有代表性的、由非营利社会组织牵头的是美国政府的独立机构"国家艺术基金"（NEA）于 2006 年创立的公共阅读项目"Big Read"。该项目旨在恢复阅读在美国文化中的

❶ National Reading Panel［EB／OL］.［2012-07-22］. http://en. wikipedia. org／wiki／National_Reading_Panel.

❷ ASCLA Wehsite［EB/OL］.［2005-05-24］.http://www.a1a.org/ala/ascla/ascla.htm.

❸ 王素芳.关于图书馆服务弱势群体问题的研究与反思［J］.图书馆杂志,2006(5):3-9.

❹ ALA.Welcome to Teen Read Week［EB/OL］.［2014-07-27］.http://oomscholasticblog.com/2011/10/welcome-to-teen-reads- week.html.

❺ Martha L Burns，Nancy Dowd，Terry Edwards，et al.A Manual to Help Your Library Celebrate National Reading Group Month［EB/OL］.［2011-04-12］.http://www.nationalreadinggroupmonth.org/PDFS/NJ-LA-NRGM-Manual.pdf.

中心地位,鼓励人们享受阅读的乐趣,让不爱阅读的人也爱上阅读,使人们重视阅读的启迪作用。该项目主要采用"one city, one book"(一城一书)的多方合作形式,即由社区图书馆或非营利组织提出申请并承担活动的组织实施,合作机构进行审核并提供宣传、培训服务,政府基金提供资金。目前来看,"Big Read"是美国最成功的公共阅读项目,社区、非营利组织、政府基金在项目中缺一不可。截至2012年,该项目共用600万美元推动了300万美国人阅读文学和诗歌,每人仅耗费2美元❶。

在图书馆实践领域,以美国国会图书馆为首的美国公共图书馆界早在20世纪初就开始了为阅读困难群体服务的相关实践活动。1931年,美国国会图书馆成立国家图书馆盲人和视觉障碍读者服务中心(National Library Service for the Blind and Physically Handicapped, NLS),1951年NLS的服务范围扩大到阅读障碍症儿童,1966年NLS修订的《公共法》(Public Law 89-522)规定图书馆应该将因为身体缺陷不能正常阅读文本资料的群体(包括阅读障碍症群体)纳入其服务对象,2009年NLS发布了《图书馆为盲人和残疾人服务资源2009》(*Library Resources for the Blind and Physically Handicapped 2009*),明确规定图书馆为不能正常阅读的人群提供资源、辅助设备及社会援助。目前,美国已经有56个区域图书馆和65个次区域图书馆与NLS建立了合作关系,这一全国性的阅读障碍症群体服务体系的建立,大大提升了美国图书馆为阅读障碍症群体服务的水平。NLS通过选择盲文和音频录制格式,录制完整的书籍、杂志及其他阅读材料,分发到区域和次区域合作的图书馆用户手中❷。与此同时,美国其他的公共图书馆也开展了形式多样的服务为阅读困难群体服务。例如,纽约公共图书馆推出儿童暑期阅读计划,旧金山公共图书馆和加利福尼亚州图书馆为阅读困难群体提供电话朗读新闻或者图书服务,阿拉斯加州图书馆有声读物中心为阅读困难群体提

❶ 黄潇.美国公共阅读项目"Big Read"——大阅读大回报[J].出版参考,2013(7):45-46.

❷ 赵俊玲,郭腊梅,杨绍志.阅读推广:理念·方法·案例[M].北京:国家图书馆出版社,2013:29.

供大字体截屏软件、屏幕放大软件、语音合成器❶。

(二)英国

英国于1998年9月推出"国家阅读年"(National Year of Reading)活动,是第一个提出阅读年概念的国家,该活动的目的在于让更多的孩子及早接触阅读、经常阅读,让更多的人了解阅读乐趣、相互分享阅读的内容❷。英国的全民阅读促进活动如此,而对于阅读困难群体,则在国家层面上专门制定了《特殊教育需求和残疾人法案2001》(Special Educational Needs and Disability Act,SENDA)❸、推行"阅读起跑线"(Bookstart)计划。"阅读起跑线"(Bookstart)计划始于1992年,是一个国家性质的专为婴幼儿提供阅读指导服务的计划。在计划中,图书馆与教育和健康等多家机构合作,为每个婴幼儿发放一个免费的阅读包(bookstart pack),陪伴未成年人的成长,使儿童都能从早期阅读中受益,享受阅读的乐趣并将阅读作为终身爱好❹。

英国除了政府层面积极推进全民性质的阅读活动,英国的公共图书馆和高校图书馆也是帮扶阅读困难群体的主要力量。经调研,大部分英国图书馆都在网站的主页或下级目录中表明图书馆提供针对阅读困难群体的服务和活动,而且公共图书馆普遍将阅读困难群体服务列在"图书馆利用"(如汉普图书馆)或"休闲"(如曼彻斯特图书馆、肯特图书馆)栏目下,高校图书馆针对阅读困难群体的服务更多是资源上的提供。例如,牛津布鲁克斯大学图书馆在主页的"图书馆服务(About the Library)"导航栏里下设"服

---

❶ 田花蔓,束漫,王波.美国公共图书馆"阅读障碍症"群体服务研究[J].图书情报工作,2014(12):40-45,25.

❷ 陈精芬.欧洲国家儿童阅读活动之探讨:以芬兰、爱尔兰、英国、瑞典及奥地利为例[J].(中国台湾)图书馆学会电子报,2007(18):1-22.

❸ Belger J,Chelin J.The Inclusive Library:An Investigation into Provision for Students with Dyslexia within a Samplegroup of Academic Libraries in England and Wales[J].Library and Information Research,2013,37(115):7-32.

❹ 王琳.英美国家婴幼儿阅读推广项目研究及启示——基于拉斯韦尔5W传播模式[J].图书情报工作,2013(6):85-90,38.

务残疾人的信息（Disability Information）"，包含两部分内容：图书馆服务残疾学生；图书馆服务阅读障碍学生或特殊学习困难学生；在伦敦政治经济学院图书馆的主页上，为阅读障碍学生及运动障碍学生服务清楚地体现在图书馆为残疾学生服务的指南中；谢菲尔德大学图书馆在支援服务中单独列出阅读障碍学生服务❶。

（三）加拿大

关注残障用户是加拿大公共图书馆的职业传统，加拿大免费盲人图书馆（Canadian Free Library for the Blind）成立于1906年，是世界上较早的面向残疾人开设的图书馆❷。加拿大多伦多公共图书馆（Toronto Public Library，TPL）作为加拿大最大的公共图书馆系统，特别设立了残障用户中心（Centre for People with Disabilities），为残疾人提供专门馆员、特殊设备及馆藏资源，包括有声读物（audio books）、口述影像（descriptive video）、大字本（large print/large type）、盲文出版物（braille books，也称为布莱叶盲文点字书）、带隐藏式字幕的音像资料（closed and captioned videos and DVDs）等，以满足这部分群体对图书馆的需求❸。值得一提的是，TPL于2010年推出《TPL便利残障用户政策》（*Aeeessibility for People with Disabilities*），明确了图书馆为阅读困难群体服务的解决之道，包括如何制定政策、营造友好的服务环境、提供特殊资源和设备等各项事务，确立了"平等和公平"的服务价值观，旨在为残疾人提供平等的机会和途径，以方便他们使用图书馆的资源和服务❹。除

---

❶ 宋双秀,束漫.英国高校图书馆面向阅读障碍症群体的服务及其启示[J].大学图书馆学报,2013(6):18-23.

❷ Stewart W W.The Encyclopedia of Canada[M].Toronto: University Associates of Canada,1948:76-81.

❸ 张靖,李晗,林宋珠,吴燕芳,苏靖雯.加拿大多伦多公共图书馆残障用户服务研究[J].中国图书馆学报,2013(6):86-100.

❹ Toronto Public Library. Accessibility for People with Disabilities[EB/OL].[2012-05-15].http://www.torontopubliclibrary.ca/terms-of-use/library-policies/accessibility-people-disabilities.jsp.

日常服务外,TPL还为阅读困难群体提供移动图书馆、手语翻译、罚款豁免、听障用户专用电话等服务,并积极与加拿大全国盲人协会(Canadian National-al Institute for the Blind,CNIB)、多伦多地区多家医院进行合作,共同为阅读困难群体营造无障碍的阅读空间❶。

(四)德国

德国阅读困难群体的保护与服务做法体现在国家政策促进、行业组织合作和阅读基金会等方面。首先在政府层面,德国政府将每年11月中的一天定为全国朗读日。这天,数千名政要、社会名流、文娱明星、知名作家等公众人士会前往全国各地的幼儿园、学院、图书馆等地方为孩子们朗读和讲故事❷。德国政府广泛发动社会力量参与阅读支持,许多非营利性社会组织积极响应号召并做了大量的贡献。例如,朗读志愿者俱乐部和阅读俱乐部就是为激发儿童的阅读积极性、提升儿童的阅读技能、丰富儿童的语言习得而成立的非营利性公益组织;阅读童子军计划则是对热爱阅读的学生进行培训,组建阅读童子军,然后依靠同龄人向未成年人激发和传递阅读的兴趣;2009年由德国阅读基金会发起"图书搭建桥梁"项目则是为了促进青少年和老年人之间的了解,规定由8到10年级(大约是14~16岁)的青少年到老年人的家中为老年人进行朗读❸。在多方合作方面,联邦德国教育与研究部和德国促进阅读基金会联合发起"阅读起跑线"工程,地区州政府机构、儿童医院、图书馆、学校、出版商等社会力量参与推行,旨在为所有的儿童提供均等的教育机会❹。德国促进阅读基金会成立于1988年,其名誉主席由历届德国总统担任,宗旨是专注于阅读、阅读教育和儿童辅读等,有效填补了公共文化服务供给的缺位与空白❺。

---

❶ 张靖,李晗,林宋珠,吴燕芳,苏靖雯.加拿大多伦多公共图书馆残障用户服务研究[J].中国图书馆学报,2013(6):86-100.

❷ 赵俊玲,郭腊梅,杨绍志.阅读推广:理念·方法·案例[M].北京:国家图书馆出版社,2013:41.

❸ 赵俊玲,郭腊梅,杨绍志.阅读推广:理念·方法·案例[M].北京:国家图书馆出版社,2013:41.

❹ 赵俊玲,郭腊梅,杨绍志.阅读推广:理念·方法·案例[M].北京:国家图书馆出版社,2013:41.

❺ 赵俊玲,郭腊梅,杨绍志.阅读推广:理念·方法·案例[M].北京:国家图书馆出版社,2013:41.

(五)俄罗斯

俄罗斯人口中妇女与儿童的比例占大多数,为提升全民阅读素养,俄罗斯图书馆非常重视女性在家庭中的作用,并开展了别具一格的家庭阅读指导。(1)针对妇女的阅读推广。俄罗斯大多数图书馆都设有"妇女读书咨询中心",为女性阅读提供推荐书目和指导。而且每年的"三八"妇女节,俄罗斯的各大图书馆也会组织相关读书活动,如书展、文学作品讨论会等。许多图书馆通过调查了解家庭阅读需求,制定阅读指导大纲,为各年龄层、各类妇女提供阅读信息,包括关于妇女妊娠、产后恢复期的阅读计划、0~6岁的亲子阅读大纲及面向各年龄层妇女的推荐书目[1]。(2)针对儿童的阅读推广。俄罗斯的图书馆大多为新生婴儿提供阅读大礼包,其中有婴儿书籍、图书馆证等,在医院妇产科的大力支持下,俄罗斯的图书馆员在走访过程中教育父母将子女阅读作为一个重要且幸福的事情看待,促进了家长和图书馆之间的联系[2]。对于低幼儿童,伊尔库茨地区图书馆则推出"与图书一起成长"项目、"多彩的童年"项目,针对低幼儿童实行的多元化的阅读推广策略,通过阅读活动了解小朋友,促进儿童阅读[3]。由彼得格勒市儿童图书馆推出的"我们家附近的图书馆"项目,旨在改善农村地区未成年人缺少文学阅读渠道问题,得到了区域文化委员会的大力支持并已持续开展了数年[4]。

三、亚洲国家

(一)日本

日本对于阅读困难群体服务的主要做法是通过完善公共阅读制度、设立各类的读书节日(如国民读书年、国民读书周、儿童读书年等)开展相应

---

[1] 杨素音.俄罗斯妇女阅读文化探析[J].图书馆建设,2003(5):113-115.

[2] 赵俊玲,郭腊梅,杨绍志.阅读推广:理念·方法·案例[M].北京:国家图书馆出版社,2013:38.

[3] 赵俊玲,郭腊梅,杨绍志.阅读推广:理念·方法·案例[M].北京:国家图书馆出版社,2013:38.

[4] 赵俊玲,郭腊梅,杨绍志.阅读推广:理念·方法·案例[M].北京:国家图书馆出版社,2013:38.

的阅读推广活动,而且尤其注重未成年人的阅读培养。为推动未成年人阅读,1999年日本国会参、众两院通过了《有关儿童读书年的决议》,将2000年设定为"儿童读书年",2001年12月公布的《儿童读书活动推进法》又将每年的4月23日定为"儿童读书日",将此后的一周(4月23日至5月2日)定为"儿童读书周"。全国各级公共图书馆会在读书日前后举行与未成年人阅读有关的活动,而且读书日当天,文部科学大臣会表彰举办读书活动的优秀实践团体。2002年12月,日本国会通过并实施《推动儿童读书活动基本计划》,具体制定了推动儿童阅读的各种措施,包括公共图书馆如何增加读书者的比例、增加儿童外借册数及如何推动学校图书馆建设等❶。此后,日本政府将2010年定为"国民读书年",并于当年4月在东京举办了"儿童读书活动推进论坛";将每年的10月27日至11月9日定为"国民读书周",其间读书推进运动协议会举办各种阅读推广活动,包括儿童朗读会、旧书交换、阅读讨论等❷。

(二)韩国

在法律法规方面,韩国于1994年制定了《图书馆及读书振兴法》,2006年10月4日在此基础上修订并重制《图书馆法》,2006年12月29日修订通过的《阅读文化振兴法》,把图书馆的发展上升到国家发展的层面,提高了图书馆的社会地位,提升了公众对图书馆的认知度❸。除了制定一系列切实有效的政策来改善阅读环境,韩国文化体育观光部还将每年9月定为全国阅读月,推动全民阅读的开展。在社会合作方面,韩国采取以政府为主导、各机构参与的模式,将阅读推广提升到政府工程层面,给予强大的立法政策支持、资金支持和项目支持。例如,2003年韩国的中央和地方政府联合图书馆、出版商、社区中心、慈善机构推行了"阅读起跑线"工程,以礼物

---

❶ 宫丽颖.以日本为例探析如何推广国民阅读[J].中国出版,2011(1):77-79.

❷ 赵俊玲,郭腊梅,杨绍志.阅读推广:理念·方法·案例[M].北京:国家图书馆出版社,2013:61.

❸ 赵俊玲,郭腊梅,杨绍志.阅读推广:理念·方法·案例[M].北京:国家图书馆出版社,2013:63-64.

袋的形式为6个月龄以上幼儿的家长提供图书和阅读书目,而且鼓励其参与图书馆的各项阅读活动[1]。再如,韩国国家儿童青少年图书馆(NLCY)面向贫困家庭孩子,策划了"与图书馆一起读书"项目,由馆员或阅读指导者每周到当地的儿童福利院、托管中心开展读书活动,提高这些孩子的读写能力和阅读技能[2]。

(三)新加坡

新加坡自2005年起启动全民阅读推广活动,"读吧!新加坡"(Read! Singapore)和"儿童启蒙阅读计划!"(kids READ!)是比较具有代表性的全国阅读推广活动。其中"读吧!新加坡"一般在每年的5月底至8月期间进行,旨在通过号召当地民众共读几本书来推进全民阅读、促进文化交流[3]。"儿童启蒙阅读计划"始于2004年4月23日,旨在培养和鼓励小孩,尤其是低收入家庭的孩子养成爱读书的习惯[4]。此外,新加坡的公共图书馆尤其重视阅读对未成年人的积极影响,设计并开展了形式多样、内容丰富的阅读活动。例如,裕廊地区图书馆(Jurong Regional Library)定期组织读书会,活动中未成年人作为阅读指导员,与其他同龄人分享阅读心得,并通过与学校开展形式多样的合作项目,鼓励青少年踊跃写书评投稿或者推荐图书[5]。

[1] 赵俊玲,郭腊梅,杨绍志.阅读推广:理念·方法·案例[M].北京:国家图书馆出版社,2013:65.

[2] 赵俊玲,郭腊梅,杨绍志.阅读推广:理念·方法·案例[M].北京:国家图书馆出版社,2013:67.

[3] 赵俊玲,郭腊梅,杨绍志.阅读推广:理念·方法·案例[M].北京:国家图书馆出版社,2013:51.

[4] 赵俊玲,郭腊梅,杨绍志.阅读推广:理念·方法·案例[M].北京:国家图书馆出版社,2013:52.

[5] 赵俊玲,郭腊梅,杨绍志.阅读推广:理念·方法·案例[M].北京:国家图书馆出版社,2013:55.

第五章　图书馆为阅读困难群体服务情况调研

第一节　调研背景与目的

一、调研背景

近年来,随着图书馆学理论研究的深入和图书馆事业的发展,图书馆界在重视向"大众"群体进行阅读推广的同时,也关注如何为"小众"群体服务,由此阅读困难群体进入学术界和业界的视野。我国图书情报界对阅读困难群体的研究主要包括:国外研究和实践现状的介绍[1][2][3],理论研究[4][5][6],

❶ 王瑛琦.农村阅读困难群体的阅读需求与图书馆阅读关怀策略研究——国外研究扫描[J].国家图书馆学刊,2013(6):80-87.

❷ 宋双秀,束漫.英国公共图书馆"阅读障碍症"群体服务研究[J].国家图书馆学刊,2014(4):3-9,22.

❸ 宗何婵瑞,束漫.基于PAPA角度探讨加拿大公共图书馆"读写困难症"群体服务[J].图书馆杂志,2015(10):20-25.

❹ 王政,洪伟达.图书馆为阅读困难群体服务研究[J].图书馆工作与研究,2014(11):92-95.

❺ 王虹,邓福庆,杨红岩.农村阅读的需求贫困与"不发展"原则探析[J].图书与情报,2015(6):126-133.

❻ 李昊青.面向阅读困难群体的图书馆阅读资源配置机制研究——基于信息公平视角[J].图书馆建设,2015(8):49-54.

对策研究❶❷及实证研究❸等,此外还有针对残疾人、儿童、农民等群体进行专门性研究的成果。通过对阅读困难群体进行整体性的阅读需求和行为实证研究,不仅可以了解这部分群体的阅读需求和行为的特点,同时也可以为图书馆为这部分群体进行有针对性的服务提供参考和依据。

　　阅读困难群体是一类特殊群体,散落于社会的各个阶层与行业中,他们普遍存在不同程度的阅读行为障碍、阅读心理疾病、阅读实施困难。阅读困难群体不仅包括由生理或病理等原因造成的阅读困难群体(如阅读障碍症群体普遍是由神经系统缺陷造成的),还包括那些在文化、技能、资源等方面处于弱势地位的社会性阅读困难群体(如老、幼、病、残等)。如联合国教科文组织创新、文化产业和版权部负责人戴奥克拉奥(Milagros del Corral)女士指出的那样,"我们必须保证让世界上每个角落的每个人都有书读"❹。因此,充分保障阅读困难群体的阅读权利对于改善其知识获取需求、提升其精神文化素养、提升其社会竞争能力、促进社会和谐具有重要的意义。目前我国阅读困难群体的阅读需求状况如何? 主要面临哪些阅读障碍? 对图书馆的认知和利用程度如何? 对图书馆服务改善有什么建议和意见? 本书针对围绕阅读困难群体实际权益的根本问题,开展了针对不同类型阅读困难群体的阅读行为与阅读障碍,以及图书馆利用情况的调查研究。

二、调研目的

　　调研活动的目的是:①描述和揭示阅读困难群体的阅读需求、阅读方式、阅读目的、阅读成本、阅读障碍等状况;②深入挖掘阅读困难群体利用

❶张春春.基于图书馆信息生态系统的阅读困难群体服务路径研究.图书馆,2014(5):81-83.

❷岳景艳.农村阅读困难群体与图书馆关怀对策.图书馆,2014(5):84-86.

❸王虹,岳景艳,杨红岩,王长青.农村居民阅读的知与行——嫩江流域少数民族地区阅读情况调查[J]中国图书馆学报,2015(5):47-62.

❹上海图书馆.让阅读成为我们生活的一部分[EB/OL].[2016-07-03].http://www.libnet.sh.cn/yjdd/list.asp?id=3864.

图书馆的障碍和规律;③了解阅读困难群体选择图书馆不同服务项目的原因,获得其对图书馆的认知情况及评价。握此得出结论,并提出改善图书馆阅读困难群体服务的对策与可行性建议。

第二节　调研对象、内容和方法

一、调研对象

"图书馆为阅读困难群体服务研究"课题组于2015年4—9月,针对残疾人、老年人、未成年人、农民、城市低收入者的阅读行为、阅读障碍、图书馆利用等情况进行问卷调查。调查范围选定为黑龙江省和苏州市,处于两方面原因考虑:其一,黑龙江省地域辽阔,农村人口较多,相对于国内经济发达省份而言,公众阅读状况与质量较差,有助于全面掌握各类阅读困难群体的概况;其二,苏州市作为华东地区的经济发达城市,图书馆服务网络覆盖较好,但仍存在阅读困难群体图书馆服务获取与利用困难问题,有助于深层次挖掘阅读行为障碍本质。本次调研共发放问卷500份,回收问卷497份,其中有效问卷474份,有效回收率为95.37%。

二、调研内容与方法

调研采用判断抽样和偶遇抽样相结合的方法,以发放调查问卷为主,辅以现场访谈。调查问卷大体做到了当面发放、当面填写、当面回收。由于部分农民群体的调查问卷采取网络调查问卷发放的形式,略微影响了问卷的回收率。针对不同类型的阅读困难群体,调研共设计了5套调查问卷,包括未成年人(含30道题)、残疾人(含35道题)、老年人(含36道题)、农村人口(含36道题)、城市低收入者(含23道题)。由于国内现有医疗水平与研究水平有限,较难界定阅读障碍症群体,故本次调研群体没有包括阅读障碍症群体,但具体研究结果可参见束漫的国家社科基金项目"公共图书馆为阅读障碍人群服务的理论、方法与对策研究"。调研针对每类阅读困难群体设计了三个部分的调查内容,具体为:第一部分为基本情况调查,包括调查对象的性别、年龄、婚姻状况、教育背景、职业、收入等。第二部分为阅读需求和阅读行为调查,包括调查对象的阅读的数量、获取方式、阅读地点、阅读目的、阅读成本、阅读时长、阅读氛围、阅读障碍、阅读对物质生活和精神生活的影响程度、自身对阅读情况的评价等。第三部分为图书馆利用情况调查和对图书馆的满意程度调查,图书馆利用情况调查包括住处离图书馆的距离,图书馆宣传范围,利用图书馆的频率、停留在图书馆的时间、使用的图书馆服务项目、不使用图书馆的原因等,对图书馆的满意程度调查包括了图书馆提供的阅读资源、举办的阅读活动、提供的阅读设备、阅读环境、工作人员服务态度、阅读宣传方式等。

三、调查问卷的处理和分析方法

按照"审核复查→编码录入→数据整理→统计分析"的流程,对调查问卷进行数据处理。在此过程中,采用了人工整理和统计软件相结合的方式,使用专业统计分析软件 Excel 和 SPSS19.0 对数据进行统计与分析。在审核复查环节,采用分散实地审核与集中系统审核相结合的方式,要求调查人员在调研过程中进行实地审核,保证回收问卷的有效性;采用集中审核方式整理部分集中填答而无法现场审核的问卷。根据一份问卷内部问题之间的关联、多份问卷在同一道题目上的选项,对部分错填、误填和漏填的答案进行修正,并直接将乱填、空白和严重缺答的调查问卷作为废卷处理。在问卷编码录入环节,将单选题和填空题编码为一个变量;多项和不定项选择题以选项数量为变量进行编码;对于选择题中涉及"其他"选项的题目,则单独设置字符串变量;开放式题目则直接设置一个字符串型变量。在数据处理环节,主要利用统计软件的频次分析、排序和交叉分类等功能,对数据录入中可能存在的错误及其他可能超出正常范围的变量进行筛选,并以此大致判断问卷质量。

第三节 调研结果分析

一、阅读困难群体基本数据统计

表5-1 阅读困难群体基本情况统计

类目	人群分类	残疾人		老年人		未成年人		农民		城市低收入者	
	调查选项	频次(个)	百分比(%)	频次(个)	百分比(%)	频次(个)	百分比(%)	频次(个)	百分比(%)	频次(个)	百分比(%)
年龄	0~5岁	1	1.4	—	—	34	33.7	3	3.1	—	—
	6~10岁			—	—	15	14.9			—	—
	11~15岁	23	31.9	—	—	52	51.5	9	9.3	39	32
	16~19岁			—	—						
	20~29岁	16	22.2	—	—	—	—	16	16.5	48	39.3
	30~39岁	6	8.3	—	—	—	—	25	25.8	10	8.2
	40~49岁	4	5.6	—	—	—	—	17	17.5	10	8.2
	50~59岁	11	15.3	50	52.1	—	—	16	16.5	7	5.7
	60~69岁			24	25.0	—	—				
	70~79岁	11	15.3	19	19.8	—	—	11	11.3	8	6.6
	80岁以上			3	3.1	—	—				
教育背景	幼儿园或学前班	—	—	—	—	41	40.2	6	6.1	—	—
	小学	11	15.3	4	4.0	8	7.8			5	4
	初中	25	34.7	13	13.1	53	52.0	24	24.2	18	14.4
	高中	30	43.5	42	42.4	—	—	37	37.4	41	32.8
	大学	6	8.3	36	36.4	—	—	32	32.3	54	43.2
	研究生及以上	0	0	4	4.0					7	5.6

类目	人群分类	残疾人		老年人		未成年人		农民		城市低收入者	
	调查选项	频次（个）	百分比（%）	频次（个）	百分比（%）	频次（个）	百分比（%）	频次（个）	百分比（%）	频次（个）	百分比（%）
残疾类型	肢体残疾	11	15.3	—	—	—	—	—	—	—	—
	盲人	33	45.8	—	—	—	—	—	—	—	—
	聋哑人	20	27.8	—	—	—	—	—	—	—	—
	脑部残疾	4	5.6	—	—	—	—	—	—	—	—
	其他	4	5.6	—	—	—	—	—	—	—	—
家庭住址	城市郊区	—	—	—	—	—	—	13	13.3	—	—
	县城	—	—	—	—	—	—	64	65.3	—	—
	乡镇	—	—	—	—	—	—	15	15.3	—	—
	村屯	—	—	—	—	—	—	6	6.1	—	—
就业状况	全职就业	—	—	—	—	—	—	—	—	18	15
	退休	—	—	—	—	—	—	—	—	14	11.7
	失业	—	—	—	—	—	—	—	—	8	6.7
	自己创业	—	—	—	—	—	—	—	—	3	2.5
	打零工（兼职）	—	—	—	—	—	—	—	—	9	7.5
	学生	—	—	—	—	—	—	—	—	66	55
	全职太太或丈夫	—	—	—	—	—	—	—	—	2	1.7
家庭人均月收入	1000元以下	7	10.1	2	2.1	—	—	3	3.1	37	30.4
	1000~2000元	19	27.5	14	14.6	—	—	19	19.4	85	69.6
	2000~5000元	30	43.5	47	49.0	—	—	52	53.1	—	—
	5000~8000元	12	17.4	19	19.8	—	—	17	17.3	—	—
	8000元以上	1	1.4	14	14.6	—	—	7	7.1	—	—

　　在调查样本中,从年龄看,残疾人主要以青少年为主,11~19岁的占31.9%,20~29岁的占22.2%;老年人中,50~59岁的超过半数,为52.1%,60~69岁的为25%;未成年人中,11~15岁的少年超过半数,为51.5%,0~5岁的低幼儿童占三分之一,为33.7%;农民中,年龄分布比较均匀,30~39岁的壮年最多,占25.8%;城市低收入者中,20~29岁的占39.3%,11~19岁的为32%。从教育背景看,残疾人多数完成中学教育,具有高中学历的占43.5%,具有初中学历的占34.7%;老年人多数完成高中教育,具有高中学历的占42%,具有大学本科学历的占36%;未成年人中,学龄前儿童为40.2%,正上初中的为52%;农民中具有高中学历的为37.4%,具有大学本科及以上学历的为32.3%;城市低收入者中具有高中学历的为32.8%,具有大学本科学历的为43.2%。从家庭人均月收入来看,残疾人收入2000~5000元的为43.5%,1000~2000元的为27.5%;老年人收入2000~5000元的为49%,5000~8000元的为19.8%;农民收入2000~5000元的为53.1%,1000~2000元的为19.4%;城市低收入者收入1000~2000元的为69.6%,1000元以下的为30.4%。从残疾人的残疾类型看,盲人占45.8%,聋哑人占27.8%,肢体残疾占15.3%。在农民居住的地点中,在县城的为65.3%,在乡镇的为15.3%,在城郊的为13.3。城市低收入者的职业中,学生占55%,全职就业的占15%,退休的为11.7%,打零工(兼职)的为7.5%。

二、阅读困难群体的阅读需求状况

(一)阅读困难群体阅读概况

1. 每周阅读时间

　　农民和城市低收入者每周花费较多的时间进行阅读,超过3小时的分别占31.3%和34.3%,2~3小时分别为40.8%和13.6%;而由于受教育程度、生理、心理和时间等原因,残疾人、老年人和未成年人的阅读(未成年人的阅读主要为课外阅读,下同)时间较少,不足1小时的分别为9.7%、7%、10.8%,

不足30分钟分别为9.7%、7%、6.9%;5%的老年人甚至根本不进行阅读。

2. 平均阅读数量

未成年人正处于人生最重要和最集中的学习阶段,需要通过大量的课内外阅读学习知识、开阔视野、丰富思想,所以其相对其他群体阅读数量最多,15.7%的未成年人每月阅读超过10本书,老年人和残疾人次之,而农民的阅读数量最少,没有超过10本的,62.7%不足1本。

3. 关注的阅读资源类型

在主要关注的资源类型方面:残疾人关注生活实用类(45.8%)、健康保健类(44.4%)、时事政治类(41.7%)和文化娱乐类(41.7%)阅读内容;老年人关注时事政治类(61%)、健康保健类(57%)、生活实用类(46%)阅读内容;未成年人关注小说(42.1%)、科普(39.2%)、人物传记类(27.5%)阅读内容;农民关注时事政治类(36.4%)、文化娱乐类(31.3%)、生活实用类(31.3%)阅读内容;城市低收入者则更为关注文化娱乐类(53.6%)、生活实用类(36%)、健康保健类(35.2%)阅读内容。

(二)阅读困难群体的阅读需求满足程度差异

1. 能否获得所需的阅读资源

未成年人由于可以请家长帮忙,因此能无障碍地获取所需资源,阅读资源获得水平最高,77.5%的未成年人均能获得所需的阅读资源;其次为农民。残疾人和老年人由于生理和受教育程度等差异,获取阅读资源存在较多障碍,43.1%的残疾人可以获得所需资源,但大多表示较难获取,5.6%的残疾人根本无法获得所需资源;37%的老年人能够获得所需阅读资源,3%的老年人根本无法获得阅读资源。

2. 阅读对生活质量和收入水平(学习)的影响

未成年人对于阅读促进学习方面具有极高的认可度,高达76.5%。约有近一半(47.5%)的农民认为阅读对生活质量和收入水平具有很大的促进作用,这说明随着农村思想开放、观念更新,农民对阅读认识程度有所提高,农民对阅读能够促进"收入增加"和"生活质量提高"更加认同。老年人对阅读促进生活质量和收入水平提高的认可度最低,43%的老年人认为基本没有影响。

3. 阅读对精神需求和个人素养提高(放松身心)的影响

由于未成年人的学习压力较大,阅读已经成为放松身心、减少压力的重要手段之一。78.3%的未成年人认为阅读对放松身心具有较大促进作用,71.7%的农民认为阅读对精神需求和个人素养提高促进很大。相比之下,残疾人和老年人认为阅读对精神需求和个人素养提高不具有影响。

4. 对个人阅读情况的评价

农民对自身阅读情况的满意度最高,高达48.5%;老年人对自身阅读情况的满意程度最低,只有19%。这一方面由于农民的阅读需求较容易满足;另一方面,老年人由于生理障碍,较难获得所需的阅读资源及参与各类阅读活动。

三、阅读困难群体的阅读行为状况

(一)阅读困难群体的阅读行为现状

1. 阅读目的

"增加新知识、新见闻和积累谈资"是残疾人(72.2%)、老年人(57%)、未成年人(76.5%)和农民(57.6%)的首要阅读目的,而城市低收入者则以"消遣娱乐、舒缓压力"(48%)为主要阅读目的。开阔视野是大多数人的首要阅读目的,而城市低收入者由于在生活中需要面临较大的生存压力和精神压力,将阅读作为一种低成本、易获得的精神放松方式,选择通过阅读来防松身心,因此把娱乐休闲作为阅读的首要目的。此外,"了解最新的时事动态"(41.7%,30.3%)和"为学习和工作寻找资料"(34.7%,36.4%)也是一些残疾人和农民的阅读目的。老年人希望通过阅读"了解最新的时事动态"(57%)和"消遣娱乐、舒缓压力"(56%),未成年人则希望通过阅读"消遣娱乐"(51%)和"为学习和工作寻找资料"(25.5%)。由于残疾人和城市低收入者存在较大的经济压力,更多是希望通过阅读获取信息来改善生活。

2. 阅读地点

图书馆和家庭是各类人群最主要的阅读地点。另外36.1%的残疾人、28.4%的未成年人和11.1%的农民选择在学校进行阅读。城市低收入者选择在工作场所(33.6%)和公共场所(37.6%)进行阅读的比例相对较高。

3. 阅读花费

由于家长不断加大对未成年人阅读的重视和投入力度,未成年人的阅读花费(包括购书费、交通费、网上阅读费等)显著高于其他群体,约有2.8%的未成年人会每月花费500~1000元进行阅读,11.1%的未成年人每月阅读花费为100~500元。老年人和农民的阅读花费较低,约九成(农民为90.9%,老年人为87%)每月阅读花费低于100元。

4. 阅读形式

由于受生理因素和受教育程度等的影响,残疾人阅读纸本书刊的比例最低,只有23.6%,61.1%的残疾人选择在线听看音视频文件。未成年人阅读纸本书刊的比例最高,达60.8%,5.7%(如学龄前儿童)选择由他人诵读的方式进行阅读。老年人由于年龄、生理、技能、经济等方面原因,大多会选择纸本书刊阅读,只有10%会选择电脑在线阅读,3%选择通过手机阅读。

(二)阅读困难群体的阅读障碍现状

1. 阅读困难群体的阅读障碍

残疾人的主要阅读障碍是阅读花费的金钱、时间、精力等太高(43.1%),阅读能力不足者占30.6%,阅读资源匮乏者占20.8%。老年人也将阅读花费的金钱、时间、精力等成本(28%)作为主要阅读障碍,阅读能力不足者占24%,阅读行为无法充分实施者占22%。未成年人由于课程作业多导致课外阅读时间少(33.3%),另17.6%的未成年人认为他们可读的课外书太少。篇幅较长的段落内容(7.8%)和生僻字(5.9%)也是未成年人的阅读障碍。农民的主要阅读障碍是花费金钱、时间、精力等成本太高(32.3%)。城市低收入者主要是阅读行为无法充分实施(46.4%),阅读(尤其是数字阅读)设备受限(44.8%),阅读能力不足(43.2%)。

2. 阅读困难群体的阅读障碍致因

生理上的劣势不仅会对残疾人的就业产生不利影响,致使其对阅读成本较为敏感,由于残疾人的受教育程度往往不高(仅8.3%具有本科学历),导致其阅读能力不足。此外,适合残疾人阅读的资源(如盲人书、大字书、视听资源等)较少,也会对残疾人阅读产生较大阻碍。老年人主要靠退休金维持生活,往往不能承受较高的阅读成本,加之多数老年人受教育程度偏低、视力下降、行动不便、思维缓慢,身体机能显现衰退,对新思想、新词语的理解接受能力较弱,阅读能力往往不足,阅读行为也很难充分实施,致使其阅读的障碍较多。农民除了面临经济障碍外,由城乡和区域发展不平衡、资源配置不均衡,还要面临阅读资源障碍。城市低收入者往往要为生计奔波,难以有充足的时间和精力进行阅读,加之收入较低,难以承受阅读设备的购买成本,导致其阅读无法顺利实施。而未成年人大多面临课业繁重问题,进行课外阅读的时间很少,我国尚缺少较科学的分级阅读指导书目,适合未成年人身心成长和语言发展的阅读资源较为匮乏。还有一些未成年人,由于对语言的理解能力尚未发展成熟,也会存在一些阅读障碍。

(三)阅读困难群体的图书馆利用行为现状

1. 阅读困难群体的图书馆利用行为

(1)利用图书馆的频率。

残疾人由于生理缺陷等原因,不便出门利用图书馆,仅1.4%的残疾人会每天去图书馆。而未成年人大多要上学,不能每天利用图书馆,通常都是在课余时间或周末到图书馆,8.8%的未成年人一周到馆两到三次,25.5%的未成年人一周到馆一次。由于老年人、农民、城市低收入者的时间较为充裕和自由,有9.8%的老年人、9.1%的农民和8%的城市低收入者会每天利用图书馆。

(2)在图书馆停留的时间。

城市低收入者在图书馆停留的时间较长,36.8%的城市低收入者在图书馆停留的时间多于两个小时,只有12.8%停留不到半小时;34%的老年人在图书馆停留的时间多于两个小时,22%停留不到半小时;16.2%的农民在图书馆停留多于两个小时,15.2%停留不到半小时;34.7%的残疾人在图书馆停留多于两个小时,13.9%停留不到半小时;44.1%的未成年人在图书馆停留时间为一到两个小时,19.6%停留多于两个小时,12.7%停留不到半小时。

(3)到图书馆获取的信息。

残疾人到图书馆获取的信息主要是日常生活信息(54.2%)、学习资料(40.3%)、健康和医疗信息(40.3%);老年人主要获取健康和医疗信息(51%)及日常生活信息(43%);农民主要获取学习资料(37.4%)及健康和医疗信息(30.3%);城市低收入者主要获取学习资料(46.4)、健康和医疗信息(26.4%)。

2. 阅读困难群体对图书馆的满意程度

(1)关于阅读资源和活动。

未成年人和农民对图书馆阅读资源的满意度较高,分别为81.7%和85.9%。城市低收入者对图书馆阅读资源的满意度较低,仅有74.2%。农民对阅读活动的满意度较高,达到87.9%。残疾人对阅读活动的满意度较低,只有40.3%。

(2)关于阅读设备设施。

农民和未成年人对图书馆阅读设备的满意度较高,分别为84.9%和82.4%。残疾人和城市低收入者对图书馆阅读设备的满意度较低,分别为58.3%和56.8%。农民对图书馆阅读环境的满意度较高,为88.5%。城市低收入者对图书馆阅读环境的满意度较低,仅为63.2%。

（3）关于阅读服务。

对图书馆工作人员的阅读服务，农民满意度较高，为86.9%；城市低收入者满意度较低，仅为64.8%。对图书馆阅读宣传方式和效果，农民满意度最高，为88.9%；残疾人满意率较低，为55.6%。

第四节 调研结论

由于篇幅有限，大多数数据表格与图形无法在本书中充分呈现。综合分析上述研究数据和现象，从微观层面可以梳理和总结出以下几方面的规律和问题。此部分的重点在于分析上述调查数据的表现和内在原因，为从宏观角度保障阅读困难群体的阅读权利、改进图书馆阅读困难群体服务提供数据支撑。

（一）阅读困难群体普遍呈现阅读需求较低、阅读效率较差等特点

性别、年龄、受教育背景、家庭月收入等因素不同程度地影响人们的阅读需求、阅读行为、阅读地点、阅读效率。由于阅读困难群体在性别、年龄、教育背景、就业、收入等方面均处于劣势，相应地，其阅读行为受到极大的限制，尤其是阅读资源的获取，受到多种因素的影响和制约。调查显示，残疾人群体由于出行不便大多选择在家里阅读，而且一些残疾人群体由于文化程度较低或不识字，根本不进行阅读。尤其是聋哑人群体，他们大多使用手语进行交流，由于手语语序与书面语序表达方式不同，基本不进行文字阅读，更愿意通过各类图书馆活动聚在一起，感受集体生活。老年人的年龄严重影响了其阅读的数量与质量，由于与社会接触不多、行为能力受限，信息获取渠道狭窄、单一，大部分老年人选择在家里阅读，健康养生类信息是老年人希望通过阅读获取到的信息。学龄未成年人能够意识到阅读的重要性，虽然有较为明确和强烈的阅读需求，但是由于课业压力繁重，花费在阅读上的时间较少。居住在乡镇的农村人口比居住在村屯的农村

人口对于阅读的认知程度高,最关注教育科技方面的信息,更善于利用公共场所进行阅读。低收入群体(家庭人均月收入低于1000元)因为生活压力较大,需要将大量的时间和精力用于维持生计,阅读率(包括纸本书刊、手机阅读、网络阅读)普遍较低,加上对阅读的金钱成本支付能力较弱,不愿意为获取阅读资源支付较高的费用,以致普遍存在阅读资源贫乏现象。受教育程度和家庭月收入越高的阅读困难群体,对阅读的认知程度越高、阅读需求更为明晰,更为重视阅读的数量与质量。

(二)阅读困难群体所面临的阅读障碍具有异质性

随着人们阅读意识的增强,阅读困难群体已逐渐认识到知识的缺乏对其个人经济收入、社会地位、人际关系、身体健康等具有负面影响,并通过运用各种手段努力消除由阅读困难带来的知识获取障碍。然而,阅读障碍具有复杂性和异质性,阅读困难群体所面临的阅读障碍存在年龄差异、知识背景差异、城乡差异、经济差异等。残疾人的主要阅读障碍是生理障碍、心理障碍和行为能力障碍。年龄、学历、健康状况是影响老年人阅读的重要因素,成本太高和资源太少是其面临的主要阅读障碍。老年人普遍因为其生理心理、文化程度、信息素养、信息技能等的能力缺陷,不能很好地通过互联网等新媒体充分获取信息和知识。调查显示,目前只有13.6%的老年人能够通过互联网获取信息和知识。未成年人的阅读障碍不仅来自于对语言和文字的理解,课外阅读时间与阅读数量不足严重影响了其阅读能力的发展。对于农村人口而言,"阅读资源匮乏"和"花费金钱、时间、精力等成本太高"是主要阅读障碍,家住县城的农村人口更容易获得所需阅读资源。低收入群体对阅读的金钱成本支付能力较弱,其阅读目的更多的是为了改善生活,因此更关注求职就业类信息,阅读(主要指阅读图书、报纸和杂志)率较低,阅读设备也是其面临的主要阅读障碍之一。

（三）阅读困难群体对于阅读的认知程度和对图书馆利用程度较低

图书馆业务的不断拓展和数字图书馆服务的应用为图书馆服务的延伸与全覆盖提供了无限可能。然而，阅读困难群体由于受到生理、经济、技能、观念等因素的长期影响，往往在生活中忽视阅读的重要价值。例如，有些残疾人与低收入者根本不进行阅读。虽然调查发现大多数阅读困难群体都认为阅读对物质生活和精神生活的提升具有较大促进作用，但是他们普遍对图书馆的认知程度较低，使用图书馆服务时仍停留和局限在传统服务领域（如图书借还、阅览自习），无法充分利用图书馆提供的各类有效阅读途径，很难通过阅读提高生活品质、提升个人物质生活、精神生活以及个人素养。调查结果显示，中年残疾人（年龄在40岁以上）更能意识到阅读的重要价值，更愿意参加图书馆活动，利用图书馆服务效率较高，而青年残疾人对图书馆服务了解最少，对图书馆的利用率最低。健康状况、受教育程度、经济收入状况相对较好的老年人更愿意利用图书馆的资源与服务，主动参加图书馆的各类培训活动，更愿意利用电脑和网络等数字阅读方式。未成年人普遍对阅读的认知程度较高，但青少年对图书馆的各项服务和设施的满意度较低，图书馆开展未成年人的分级阅读越发急迫。居住在城镇的农村人口比居住在村屯的农村人口利用图书馆的比例高，更为肯定阅读对改善物质生活和精神需求的作用，这与目前基层图书馆的服务能力与水平有直接关系。家庭人均月收入500元以下的低收入群体大多不会使用图书馆的特色数据库，不能有效地通过图书馆舒缓生活中的压力和情绪，对图书馆社会教育职能的认知度低，也无法充分利用图书馆进行社会学习，在使用图书馆时会遇到更多的困难。

（四）阅读困难群体对图书馆提供的阅读服务具有较多良好期许

图书馆的公益性质决定了图书馆是公众（特别是阅读困难群体）实现

知识平等、享受公共文化服务的重要甚至唯一可承受的渠道，图书馆的服务状况会对阅读困难群体的阅读资源获取效率及阅读权利的实现程度产生较大影响。因此，图书馆应在满足大众、服务大众的同时多关注阅读困难群体的特殊需求与行为能力限度，改进服务模式，提升服务水平，提供更具有针对性的图书馆服务。调查结果显示，男性残疾人对图书馆各项服务的满意度较高，残疾人的年龄、受教育程度与对图书馆服务的满意度呈正相关关系，由于国内出版的盲文图书和残疾人教育发展类图书较少，残疾人普遍认为图书馆存在的不足包括资源少、更新慢，但对于图书馆的各类特殊群体活动都表示出极大的认可。利用图书馆的老年读者中，男性明显多于女性，但具有较高受教育程度的老年人对图书馆服务的满意度最低，"图书馆数量少、离家太远"是老年人提出的最多问题，这说明图书馆服务尚有较大的改进空间。未成年人群体中，正在上幼儿园或学前班的未成年人对图书馆服务的满意度最高，正在上初中的未成年人的满意度最低，低幼儿童非常愿意参加图书馆组织的阅读活动。家住城镇的农村人口对图书馆服务的满意度最高，家住村屯的农村人口满意度最低，认为"图书馆数量少、离家太远"是图书馆存在的主要不足。家庭人均月收入500元以下的低收入群体使用图书馆时比较在意环境（噪音、采光、空间等）感受和工作人员的服务态度，而且这两方面的满意度最低，认为图书馆存在的不足主要是"馆员少，服务意识差"。

通过问卷的形式对阅读困难群体的阅读需求和阅读行为进行调查研究，可以通过具体的数据对这些群体的信息需求和行为进行准确把握，为图书馆开展阅读推广活动，有针对性地为阅读困难群体开展服务提供有力依据。但由于作者时间、精力、能力等方面原因，调查对象的范围和数量还存在一定的局限，会一定程度地影响调查结果的准确性。对各弱势群体的阅读需求和阅读行为研究，可在后续研究中深入开展。

第六章　图书馆为阅读困难群体服务的优化策略

　　图书馆为阅读困难群体提供完善、优质的服务,一方面需要国家的鼎力支持和社会的普遍关注,另一方面离不开图书馆自身的改进与努力。针对我国现有阅读权利缺位、阅读文化缺失、阅读资源匮乏、阅读活动盲目等问题,本书提出了包括制度保障体系、服务保障机制、组织保障平台在内的对策框架,通过法律保障、政策支持、多方合作、社会关注及图书馆事业发展共同改善阅读困难群体的服务范围与效能。

第一节　构建制度保障体系

一、构建阅读权益保障机制

　　图书馆尤其是基层公共图书馆主要为阅读困难群体提供服务,开展阅读推广活动,普遍面临资金短缺、空间受限、阅读资源匮乏、馆员素质不高等困难。对于这些问题,需要明确、高效、规范的顶层法律制度设计来解决,即应从国家层面积极制定促进阅读、规范阅读的系列法律法规,使全民阅读活动逐渐走向规范化、科学化、常态化。阅读立法,就是以法律法规的形式将推动全民阅读工作纳入法制化轨道。立法过程中需要将各级政府确定为保障公民阅读权利、促进全民阅读的责任主体,将图书馆确定为推动全民阅读的实施主体,广泛发动社会力量参与阅读推广,并形成制度性文件规范参与者行为。2013年3月全国"两会"期间,115位政协委员联名签署并提交了《关于制定实施国家全民阅读战略的提案》,该提案中明确提

出"应由全国人大制定《全民阅读法》、国务院制定《全民阅读条例》"。❶
2014年6月23日,深圳市在全国率先公布了《深圳经济特区全民阅读促进
条例(征求意见稿)》,征询公众意见。2014年11月24日,湖北省政府常务
会议审议并通过了《湖北省全民阅读促进办法》。2014年11月27日,江苏
省第十二届人民代表大会常务委员会第十三次会议通过并公布了全国首
部促进全民阅读的地方性法规《江苏省人大常委会关于促进全民阅读的决
定》。以上这些为推动全民阅读而建立的长效制度保障机制,不仅能够充
分保障公民的基本阅读权利,而且能够通过内外部环境共同作用构建完善
的公共图书馆阅读推广活动保障体系与阅读资源配置机制,促使公共图书
馆阅读推广活动逐渐丰富与完善起来❷。需要强调的是,阅读困难群体作
为参与全民阅读的特殊群体,需要法律法规的制度倾斜,如果不能单独设
立面向阅读困难群体的阅读法律法规,那么也一定要将保障阅读困难群体
的权益纳入全民阅读立法的条款,并给予特别强调与特殊保护。

(一)加强与多方合作,构建阅读困难群体权益保障机制❸

缓解阅读困难群体文化信息资源匮乏、提升其阅读能力是图书馆的神
圣使命,图书馆应以推动社会阅读、加强社会教育为己任,充分发挥公共空
间的作用,加强与多方的合作协调,构建完善的阅读困难群体阅读权益保
障机制。

其一,构建以制度保障为基础、行政保障为主体、社会保障为辅助的阅
读困难群体公共活动参与机制。这要求政府层面完善相关法律法规、加强
政策引导、强化制度顶层设计,同时由政府积极推动,图书馆等公共文化服

---

❶ 全民阅读促进条例[EB/OL].[2014-07-31].http://baike.baidu.com/view/10828254.htm?fr=alad-din.

❷ 王政,刘鑫,郭涵.品牌阅读活动推进无障碍阅读的实践与启示[J].图书馆建设,2015(8):47-51,55.

❸ 王政,洪伟达.图书馆为阅读困难群体群体服务研究[J].图书馆工作与研究,2014(11):92-95.

务机构积极实施,社会机构、企业和其他社会方广泛参与。在国家全民阅读领导小组办公室的领导下,近年来部分省市不仅出台了本地区阅读促进条例,而且纷纷成立阅读联盟组织,组建本地区阅读志愿者队伍,广泛发动一切社会力量参与,推动全民阅读活动的开展和实施。深圳市的阅读推广工作走在全国前列,首先于2012年由深圳市委宣传部、深圳市文体旅游局倡导成立了致力于推进阅读文化发展的单位和个人自愿结成的行业性的地方性非营利社会组织——深圳阅读联合会,然后于2014年6月23日在全国率先公布了《深圳经济特区全民阅读促进条例(征求意见稿)》。深圳阅读联合会一方面着眼于团结阅读推广机构和个人,宣扬阅读价值,通过研究阅读过程以及教学、推广方法提升市民阅读能力,培养阅读习惯,推动阅读资源整合与共享;同时,非常重视对阅读困难群体的关注,分别推出针对老年人、青年务工人员的阅读推广人培养计划,由阅读推广人深入特定阅读困难群体开展阅读引导与辅导,并设计了"恋恋妈妈心""亲爱的爸爸和我""社区亲子读书会"等丰富多彩的未成年人阅读活动。

其二,在现有图书馆丰富的文献资源基础上,构建政府管理主体淡出、服务网点扩散并下延、阅读资源共享范围广泛、业务管理规范统一、服务效益提升改善的阅读资源配置机制。随着全国范围内图书馆总分馆制的逐步建设与实施,国内涌现出一批特色鲜明的总分馆制模式(如苏州模式、嘉兴模式等),改变了原有图书馆阅读资源利用率低、阅读推广活动范围受限、阅读服务普及率差、阅读服务效果不佳等问题。尤其是公共文化服务体系的全覆盖,推动优质的阅读资源流向偏远农村、基层社区,推广到农村人口、城市低收入者、老弱病残等阅读困难群体身边。例如,浙江省嘉兴市图书馆为从根本上解决农民读书难问题,积极建设乡镇分馆和村流通站,向城乡居民提供优质、免费、全覆盖的公共图书馆服务,让阅读改变了农民的生活,让更多的图书资源"活"起来❶。可见,图书馆为阅读困难群体提供

---

❶ 图书馆"嘉兴模式"的"蝴蝶效应"［EB/OL］.［2013-04-13］.http://www.cnjxol.com/jxwmw/build/town/content/2009-12/31/content_1252485.htm.

服务的过程需要政府、社会机构与组织的多方参与与协作,图书馆应广泛与教育、法律、经济、医疗等社会援助部门积极合作,本着互惠互利的原则,强化图书馆的社会融入程度,通过内外部环境共同作用来改善图书馆为阅读困难群体服务的水平与效能❶。

(二)以权利保障为要义的服务制度建设机制❷

图书馆服务制度建设机制是图书馆阅读资源配置机制的关键依据。《全国公共图书馆事业发展"十二五"规划》中开篇指出,"公共图书馆作为公共文化服务体系的重要组成部分,承担着保存人类文化遗产、提供知识信息、传播先进文化、开展社会教育的重要职责,为中国特色社会主义事业建设提供信息资源支撑和智力支持"❸。为防止图书馆的社会服务功能异化,图书馆应从阅读资源供给、阅读资源发展政策和社会包容等方面,通过政策、制度等方面的调节,提供无差别的阅读资源配置结构,实现阅读资源的普遍供给和阅读权利的公平保障。

阅读服务制度建设机制是以图书馆社会职能和保障公众文化和信息权利为关键依据,来进行图书馆服务政策、制度供给和相关制度安排,其主要涉及制度设计、制度实践、制度完善等方面内容。以权利保障为要义的服务制度建设机制是包括阅读困难群体和信息弱势群体在内的图书馆用户阅读资源有效配置和有序发展的重要保证。首先,在图书馆阅读服务制度设计上,主要包括三个原则:一是设计理念和制度文本上的消除歧视,即服务对象的"去差别化";二是以人为本,需求主导,服务至上;三是普遍获取,公平利用,充分体现人文关怀。其次,在制度实践过程中,图书馆要深入考虑诸如忽视阅读困难读者权利的制度规章、缺失人文关怀的部分制度、人

---

❶ 王子舟,肖雪.弱势群体知识援助的图书馆新制度建设[M].北京:国家图书馆出版社,2010.

❷ 李昊青.面向阅读困难群体的图书馆阅读资源配置机制研究——基于信息公平视角[J].图书馆建设,2015(8):49-54.

❸ 文化部.全国公共图书馆事业发展"十二五"规划[EB/OL].[2014-12-25].http://59.252.212.6/auto255/201302/t20130205_29554.html.

为划分的区别服务、有偿服务的扩大化、忽视用户信息教育权利、版权过度保护等各类现实及可能存在的制度问题,不断深化服务理念、创新制度、强化服务制度落实,以提升服务保障水平。最后,从制度完善的角度,图书馆应从制度创新上重视阅读困难群体,面向该群体实施特殊的阅读推广、基础阅读能力建设及信息援助和信息保障,从而形成以维护阅读权利为目标的"需求主导、有效配置、普遍服务、能力建设、保障有力"的图书馆服务与资源建设制度体系。

二、构建阅读资源配置机制[1]

阅读资源配置机制是图书馆服务体系正常运转的重要组成,也是图书馆面向开展阅读困难群体公平服务的前提条件。有研究表明,在一定程度上,良好的阅读资源配置和馆藏分布,其各类阅读资源的百分比同资源供给数据的百分比有高度的相关性和较小的差异性[2]。因而,阅读资源的公平配置与科学管理既要考虑各种类型阅读资源数量和质量,又要考虑资源在时间和空间上的规划布局和人性化设计,使资源保持在合理有效和开放获取的状态。因此,针对阅读困难群体的阅读障碍成因,根据信息公平理论和图书馆角色定位,图书馆阅读资源配置机制划分为以信息需求为导向的阅读资源采选机制和以普遍获取为目的的阅读资源建设机制。

(一)以信息需求为导向的阅读资源采选机制

阅读资源采选机制是图书馆阅读资源配置机制的前提与基础,其主要包括阅读资源经费预算与分配、阅读资源采选原则、阅读资源采选评价与用户信息反馈等方面内容。对于服务阅读困难群体而言,有效的阅读资源采选机制主要表现在:(1)在馆藏资源发展政策和本馆发展战略规划中应

---

[1] 李昊青.面向阅读困难群体的图书馆阅读资源配置机制研究——基于信息公平视角[J].图书馆建设,2015(8):49-54.

[2] 谢丹玫,汤学华,窦红,吴冬梅,麻玉琼.重点学科本科生与其他学院学生的阅读需求的主分量比较分析[J].现代情报,2013(11):79-85.

充分考虑阅读困难群体的信息需求和行为特点,在阅读资源经费预算与分配中除了主要考虑中文与外文图书报刊经费比例、传统阅读资源与现代电子阅读资源经费比例外,还要包含一定的特殊阅读资源经费比例。(2)阅读资源采选原则应以用户需求为导向,为资源采选人员和管理者等明确阅读资源建设的基本思路、相关职责和主要标准,以保证阅读资源建设的科学性和有效性,以及服务阅读困难群体的适应度。其主要包括目的性原则(根据服务区域范围的总体需要确立服务基本目标和采选重点、文献资源与读者比例等要素)、资源平衡原则(考虑学科覆盖性与重点性平衡、基础性需求与个性化需要协调、普通馆藏与特色馆藏建设相协调)、教育性原则(要充分考虑阅读困难群体和信息弱势群体的信息知识需求)、载体多元性原则(采选要合理配置各类载体形式的阅读资源,做好综合性资源建设)。(3)阅读资源采选评价与用户信息反馈,是指阅读资源采选评价主要以读者利用状况所反馈的信息为主要参照指标。这里的"读者"主要是考虑大多数读者及一定比例的阅读困难群体。就用户需求而言,个体需求的多样性和用户需求的差异性,使得图书馆在客观上无法满足每个用户的个性化需求,只能选择去满足绝大多数人的基本需求,以及从信息公平和社会责任角度在一定程度上保障阅读困难群体的阅读资源需求。从阅读资源建设角度,有限的图书馆资源预算经费决定着阅读资源建设的有限性,这就要求采选资源的复杂性和分配资源稀缺性,以及在此基础上要充分考虑特殊群体对阅读资源的可获得性。从现实角度讲,公平是基于资源稀缺的公平,并非每个人的需求都能实现,因此,我们的公平只能是让更多的人享有图书馆资源❶。

(二)以普遍获取为目的的阅读资源建设机制

阅读资源建设机制是图书馆阅读资源配置机制的核心组成。根据印度图书馆学家阮冈纳赞(Ranganathan)《图书馆学五定律》(*The Five Laws of*

❶ 徐享玉.基于"效率"与"公平"共生的图书馆服务能力提升战略取向[J].图书情报工作,2007(7):108-110.

Library Science）中"书是为了用的"（Books are for use）和"每位读者有其书"（Every reader his book）两原则，图书馆阅读资源建设应以"用户的普遍获取和利用"为服务宗旨。其主要涉及公共信息基础设施及文化环境资源建设、馆藏阅读资源获取与利用调研、阅读资源评价与调整以及阅读资源共建共享等方面。面向阅读困难群体的图书馆阅读资源建设机制主要体现在：(1)公共信息基础设施及文化环境资源建设，包括图书馆阅读空间资源设计与配置(如儿童服务区、盲人阅览室等)、网络设施条件(上网设备、存储设备的容量与运行速度，接口带宽、免费服务等)、信息无障碍工程(如残障者人性化阅读资源保障、特色化阅读资源导引标识、盲人读物、口述影像、有声图书、远程教育等)、图书馆环境的阅读文化氛围等基础性建设。正如有记者指出，"大中城市富集的阅读资源和良好的阅读氛围确保了城市儿童的阅读量"❶。(2)在阅读资源获取与利用调研方面需要针对不同类型、不同层次阅读困难群体对传统纸质阅读资源与网络阅读资源获取与利用的状况做定期的调查研究，结合用户阅读需求及满意度，深入分析图书馆阅读资源的开放性、便捷性和服务有效性等，为阅读资源建设和科学配置提供整体性参考。(3)馆藏阅读资源评价与调整，是指在对阅读资源的用户利用状况和信息反馈的基础上，对照图书馆资源建设发展总体目标，对馆藏阅读资源进行综合评价，进行科学、合理的调整，并及时向阅读困难用户通报阅读资源调整的信息动态。(4)阅读资源共建共享，是指为消减阅读资源建设有限性，拓宽阅读文化平台，深化多元参与，深入社会阅读推广，图书馆要坚持"引进来、走出去"的开放性原则，推进城市阅读资源共建共享原则，从社会整体层面上保障阅读资源的全面性和普及性，以及扩大对阅读困难群体推送图书馆服务的覆盖性。阅读资源共建共享机制主要涉及馆际协作共享原则、一般性的操作流程(如向用户通报阅读资源共享体系获取资源的范围、类别和方式等)、组织形式(分布式、集中式)、以及共建共享项目的评估等。此外，从社会层面讲，以普遍获取为目的的阅读资源

---

❶ 张贺.少儿阅读：城乡迄今不平衡[N].人民日报,2014-05-29.

建设机制,是图书馆通过阅读资源和文化资源的有效利用以惠及公众,从而为弥合数字鸿沟、信息分化而造成的信息不公等问题提供资源保障。

另外,阅读资源是图书馆为各类用户提供服务的基础与保障,从阅读资源的采购、开发及满足用户需求等方面来看,阅读资源具有稀缺性。从信息生态系统角度出发,其开放性本质及其价值交换的内生性功能决定了只要不同的阅读行为主体存在,竞争就不可能消除。这就需要图书馆在进行阅读资源建设的过程中,必须充分考虑各类读者的需求,既要照顾具有较强阅读能力的用户的高层次的信息需求,也要重视阅读困难群体的基础的信息需求。例如,农民由于地理环境的原因,获取与利用阅读资源较为困难,公共图书馆可以通过流动图书站、送书下乡等方式优化阅读资源的配置,这样不仅不会影响其他用户群体使用图书馆,也满足了农村阅读困难群体的阅读需求。由于阅读资源具有非消耗性和非排他性,因此图书馆可以通过阅读资源的共建共享实现优化配置,提高阅读资源的利用效率。从图书馆信息生态系统的视角来看,图书馆可以通过与系统外部机构共建共享阅读资源来满足阅读困难群体的信息需求,这样可以避免资源的重复建设,也能提高阅读资源的利用率[1]。

三、构建阅读活动推广机制[2]

开展阅读活动是图书馆提升服务和对外宣传的一种形式,虽然各级各类图书馆一直都在做阅读活动,而且活动的形式与内容丰富多样,但是如何打造品牌阅读活动、发挥阅读活动的最大效应有赖于完善的阅读活动推广机制。阅读活动推广机制包括了创新的顶层设计方案、良好的示范引领和具有可操作性的实施内容,涉及制度建设和实践运行的各个方面。构建阅读推广活动机制一方面有助于保障阅读活动具有持续、稳定的经费支

[1] 张春春.基于图书馆信息生态系统的阅读困难群体服务路径研究[J].图书馆,2014(5):81-83.
[2] 王政,刘鑫,郭涵.品牌阅读活动推进无障碍阅读的实践与启示[J].图书馆建设,2015(8):47-51,55.

持;另一方面有助于更加明确活动目的与实现方式,保证活动的顺利、良好运行。尤其是针对阅读困难群体而言,完善的阅读活动推广机制能够广开思路,策划和实施更多有利于阅读困难群体的阅读活动,将阅读困难群体纳入图书馆服务范畴,有效保障阅读困难群体的阅读权利实现。例如,黑龙江省图书馆在引领全省阅读推广工作方面具有较为创新的经验与做法:在全省活动设计上,策划并协调全省各级图书馆从"4.23 世界读书日"起在整个读书月的活动,罗列活动清单,布置活动任务;在引领示范方面,创新真人图书借阅模式并将其发展为常态化服务,经过两年的发展,将真人图书在全省范围内推广并实现真人图书资源的跨地区共享;在读者沙龙的组织与管理上,出台《读者沙龙活动管理办法》,面向社会公开招募沙龙团队,形成沙龙团队的自我管理与沙龙活动的有序开展;在倡导经典阅读方面,以龙图公开课的形式组织国学诵读班,帮助未成年人更多地接触传统文化,倡导经典阅读从吟诵《诗经》开始。

　　打造图书馆品牌阅读活动是构建阅读活动推广机制的重要内容之一。阅读活动推广机制的实施需要严谨完善的阅读活动策划、充分的前期准备、有效的活动实施与长期的活动支持。同时,图书馆要通过多种媒体形式进行全方位的宣传报道。除了运用印刷媒介、电视、广播等传统媒体进行宣传,图书馆还应注重数字媒介形式的宣传推广,尤其是充分利用微博、微信等网络平台对活动进行提前预告、实时报道、事后追踪,与广大读者进行互动,及时获得社会反馈。

四、构建图书馆社会支持机制

　　阅读是满足全社会学习需要、提升全民文化素养的主要途径。图书馆开展阅读推广活动需要政府、社会等的多方支持与参与。由于阅读困难群体具有特殊性,往往需要通过制度援助的方式实现阅读权利的维护。这里可以运用信息协同的思想,与多种社会资源相结合,使阅读资源有明确的传递方向,并使社会各界产生协同力,实现阅读资源在系统内的加工、合理使用,合理安排图书馆的结构布局,使各类用户的阅读需求得到满足,图书馆社会服务效益达到最大化❶。图书馆要鼓励社会力量参与全民阅读,积极与社会各界组织广泛开展合作。合作的内容包括:鼓励企业投资或捐资建设面向全民开放的公益阅读设施,从事公益阅读资源生产与供给,独立举办或捐助、赞助公益阅读活动;鼓励各类社会组织开展全民阅读活动,承接政府部门转移的职能或政府部门委托的全民阅读项目;鼓励各类新闻媒体参与阅读活动的组织与宣传,既能够增加社会推广力度,也成为媒体展现阅读魅力的素材❷。

在组织层面,图书馆应广泛发动阅读困难群体服务的组织者与参与者,如成立阅读联盟或阅读协会,加强组织领导;培养阅读推广人,使其深入到社区、学校、养老院等阅读困难群体身边,推广阅读、指导阅读、引领阅读,使阅读困难群体服务具有针对性和专业性;招募阅读志愿者,引入社会力量支持图书馆阅读困难群体服务,并不断壮大阅读推广队伍与服务队伍,在更广的范围内争取优质社会资源融入图书馆服务体系。

从服务实施主体来说,图书馆可以联合社会各界参与阅读活动的组织和开展,形成广泛的社会效应。例如,近年来伊春市图书馆与市妇儿工委、市委宣传部、市文广新局、市妇联等部门联合开展了三届"林都情韵"少年儿童诗文朗诵比赛,活动注重激发儿童阅读热情,提高儿童语言表达能力和文化修养,成为政府积极主导、社会多方协作、全民广泛参与的阅读推广活动典范。再如,黑龙江省图书馆与上海知名阅读推广人、教育家黄欣雯"故事妈妈"团队合作,为少年儿童开展分级阅读生命教育绘本课,同时开办家长课堂,创新的阅读形式更符合未成年人的需求,同时使阅读活动走进家庭。

在经费支持层面,图书馆还可以通过设立全民阅读基金的方式,加大

---

❶ 张春春.基于图书馆信息生态系统的阅读困难群体服务路径研究[J].图书馆,2014(5):81-83.

❷ 深圳经济特区全民阅读促进条例(征求意见稿)[EB/OL].[2014-07-31].http://szbbs.sznews.com/thread-2557468-1-1.html.

对阅读困难群体的社会关怀与扶持。例如,《深圳经济特区全民阅读促进条例》单独用一个章节强调设立全民阅读基金,以保障全民阅读的有效稳步推进。全民阅读基金可以由当地财政提供启动基金,依法吸纳、接受自然人、法人或其他组织的捐赠,主要用于资助开展全民阅读活动,扶持民间阅读组织,实施社区阅读、未成年人阅读及特殊群体阅读服务计划,组织阅读能力测评、阅读状况调查等[1]。

从知识援助视角,图书馆可以通过建设信息协同的知识援助制度来保障阅读困难群体的阅读权利。具体做法包括:与社会各界(如教育机构、医疗机构、法律机构等)积极合作,共同设计开展针对阅读困难群体的知识服务;与其他图书馆签订互助协议,促进阅读资源的共建共享,加大知识援助的合力;建立知识援助的考评制度,使图书馆为阅读困难群体服务的效果得到反馈,进而提高其服务水平[2]。

五、构建监督评价机制

图书馆阅读困难群体服务应考虑到阅读服务与阅读活动的连续性和延展性,设计完善、健全的监督机制,能够有效保障阅读困难群体服务的实施效率和效果。虽然目前文化部全国公共图书馆定级评估标准中已严格将未成年人、老年人、残疾人的服务内容纳入评估要求,但是多数图书馆并不重视阅读困难群体服务,甚至认为这是"小众"群体、服务效益不显著而无须单独设立部门或专职人员。然而,实际上这部分社会群体对图书馆服务有特殊的要求,更需要社会的关注与关爱。例如,视障读者由于接受知识的方式有限,可利用的阅读资源与阅读方式较为稀少和单一;聋哑读者平时使用的手语语序与书面用语语序不同,进行纸本阅读时需要手语翻译。这些群体有阅读需求,但是其阅读行为的实施需要图书馆具备懂得中国手

---

❶ 深圳首为全民阅读立法期待"民声"反馈[EB/OL].[2014-07-31].http://sz.people.com.cn/n/2014/0624/c202846-21495284.html.

❷ 张春春.基于图书馆信息生态系统的阅读困难群体服务路径研究[J].图书馆,2014(5):81-83.

语、富有爱心和奉献精神的专职图书馆员加以辅助与引导。因此,构建图书馆阅读困难群体服务的监督评价机制尤为重要,而且要具备下列三个方面的内容:从顶层设计层面,要对于阅读群体的不同阅读行为与需求设计具有群体针对性的图书馆服务,监督评价阅读困难群体服务的差异性与可操作性;在监督基层图书馆阅读困难群体服务的实施与开展情况方面,可通过要求基层图书馆提交开展服务或活动的视频材料、文案、宣传报道等内容;具体到阅读困难群体的活动实施环节,还可以设立监事或监审组等临时性机构,对阅读活动过程进行全程监督,对提出异议的地方进行权威解答,保证阅读活动的公平性、公正性❶。

　　构建图书馆阅读困难群体服务的监督评价机制还需要注意:首先,其实施主体要明确,应该由社会第三方机构来担任,排除图书馆自评图书馆这样的监察漏洞,以保证监督评价结果的真实、有效。其次,监督评价方式要多样,渠道要畅通,使阅读困难群体能够及时反映其文化诉求,并能尽快得以解决和反馈,由此避免部分阅读困难群体的行为偏激与心理阴暗。再次,要对监督评价结果进行研究。监督评价是为了改善图书馆的服务,图书馆要针对监督评价结果认真研究、反思,积极做出相应的服务调整与改进。

第二节　提供完善的服务保障措施

一、提供具有针对性、差别性、高效性和可操作性的图书馆服务❷

　　首先,图书馆应提供具有群体针对性与特殊性的主动服务,同时强调

❶ 王政,刘鑫,郭涵.品牌阅读活动推进无障碍阅读的实践与启示[J].图书馆建设,2015(8):47-51,55.
❷ 王政,洪伟达.图书馆为阅读困难群体群体服务研究[J].图书馆工作与研究,2014(11):92-95.

具体行为措施的差异性与可操作性,从而提高服务的实施效率和效果。例如,针对阅读困难群体的代际传递特征,图书馆在为文盲妇女、农民工子女提供阅读资源与服务时,应倾向于家庭阅读习惯的改善及阅读内容的限定,从而转变其因长期被社会排斥所形成的落后的文化习俗、思维定式和价值取向,消除这些阅读困难群体与其他社会群体的知识鸿沟,从而维护社会代际公正。再如,通过实践调研发现,大部分聋哑人虽然识字,但是由于他们惯用的手语语序与书面文字书写语序和语言习惯的不同,无法进行文本阅读。只有少部分接受过特殊教育的年轻聋哑读者,能够看懂简单的信息。针对这部分阅读困难群体,图书馆服务则不应仅限于阅读资源的提供,而应在深切了解其需求后,开展其他形式的读者服务与活动。近年来,黑龙江省图书馆持续为聋哑读者开办中国手语培训班,培训的目的不仅是让聋哑读者用规范的手语参与社会,而且让社会上更多关爱聋哑读者的人参与志愿服务;同时,黑龙江省图书馆还定期为聋哑读者播放配有手语的无声电影,使他们能够接触到更多优质的文化资源。

其次,图书馆服务还应注重为阅读困难群体提供服务的高效性,深入到社区、残障儿童学校等基层机构为阅读困难群体提供延伸服务和开展阅读活动,提高图书馆服务的成效与反响,体现图书馆的人文关怀。从本次调研不难看出,阅读困难群体的读者构成类型较为复杂,群体呈分散分布状态,而且阅读困难群体的阅读能力缺陷致因较多,图书馆很难对其开展整齐划一的阅读服务与活动。这就需要图书馆以社会包容理念为指导,设计切实可行的特殊群体服务项目,并长期、持续开展下去。例如,黑龙江省图书馆为了提高盲人读者服务效能,充分发动社会志愿力量,组织策划了"我是你的眼"全民阅读公益助盲活动。活动缘起于黑龙江省新闻出版广电局为黑龙江省图书馆捐建的盲人听书室。盲人听书室有听书机30台,每台装有20多册图书,其中20台用来外借,10台用在馆内听书。盲人朋友只要拿着身份证和残疾证在黑龙江省图书馆办一张读者卡就可以借阅听书机,期限是3个月,可以循环借阅。当盲人读者有需求时,可以打电话或通过网络告诉图书馆的工作人员,黑龙江省图书馆将电子资源(主要是音频文件)下载安装到存储卡上,由社会招募来的爱心志愿者将存储卡和听书机送到盲人读者家中。整个服务过程是由黑龙江省新闻出版局、黑龙江省图书馆、志愿者共同努力协作完成。这样的服务项目可以最大程度减小盲人出行障碍,让视障读者能够享受到阅读带来的乐趣,更好地融入社会,深受盲人读者的欢迎。

再次,图书馆在为阅读困难群体提供服务的过程中需要特别注意阅读资源之间、阅读资源与用户之间、图书馆员与用户之间、用户之间、用户与信息环境之间,以及阅读资源与阅读环境之间的关系。从信息生态系统视角出发,只有妥善处理好这些关系,图书馆信息生态系统才能健康发展,阅读困难群体的阅读权利才能得到充分保障。图书馆员应树立为阅读困难群体服务的意识。信息生产者和信息消费者之间的相互联系是信息生产者与信息消费者之间相互作用的基础。在图书馆信息生态系统中,将图书馆员与用户之间联系起来的纽带就是阅读资源。对于阅读困难群体来说,图书馆员首先要认识到关怀阅读困难群体是其最基本的职业道德操守,是人性自我完善的过程。图书馆员在为阅读困难群体提供服务的过程中,应持众生平等的心态投入关爱,努力为其营造一个充盈着人文关怀的阅读环境,让他们享受到应有的阅读权利,进而在不断的阅读过程中提高其阅读能力,甚至使那些由于客观因素而成为阅读困难者的人们走出阅读困难的行列。正如《公共图书馆宣言》所昭示的那样:"每个人都享有公共图书馆服务的权利,而不受年龄、种族、性别、宗教信仰、国籍、语言和社会地位的限制。"❶

二、提供丰富的阅读推广活动

公民通过自主阅读、参与阅读,达到完善知识结构、丰富知识内涵、提高个人修养、满足精神生活需求的目的。图书馆作为阅读资源的主要提供

---

❶ 张春春.基于图书馆信息生态系统的阅读困难群体服务路径研究[J].图书馆,2014(5):81-83.

者、阅读活动的实施者、阅读行为的辅导者,为保障每个公民平等、自由的阅读权利做出努力,通过开展形式多样、精彩纷呈的全民阅读活动,消除理念、资源与服务的藩篱,使全社会共享公共文化服务成果,这不仅是图书馆使命与职责的内在要求,也是图书馆践行社会责任理念的集中体现。

在图书馆信息生态系统中,读者具有多样化的阅读需求,阅读也在改变用户的知识结构,二者之间存在相互作用的关系。阅读困难群体是基本阅读能力低下或缺失的群体,相较于其他阅读群体而言,更需要图书馆对其进行阅读指导,更需要通过阅读丰富其自身的知识。因此,图书馆可以通过针对不同类型的阅读困难群体开展阅读推广活动,使其了解可以通过图书馆获得哪些阅读资源及如何获得,进而提升其阅读能力。例如,英国"阅读起跑线计划"是世界上第一个国家性质的专门为婴幼儿提供阅读指导服务的计划,该计划最核心的部分就是由公共图书馆、教育和健康等多家机构联手为每个婴幼儿发放一个免费的阅读包,该阅读包能够帮助婴幼儿家庭了解和参与到"阅读起跑线计划"中,除此之外,他们还准备了丰富多样的阅读活动,如故事时间、蓝熊俱乐部等❶。

美国发展生理学家玛丽安·沃安夫(Maryanne Wolf)在《普鲁斯和鱿鱼:阅读头脑的故事和科学》(*Proust and the Squid :The Story and Science of the Reading Brain*)一书中指出:"一个人对知识的渴求以及对世间的好奇,基本都是在儿童时期出现的。"所以,公共图书馆应充分重视针对未成年人的阅读推广活动,并将其作为一项日常工作,让读者通过活动充分了解阅读的重要含义。为阅读困难群体开展阅读活动的重要性已日益成为社会各界的共识,公共图书馆应积极参与其中,发挥公益性社会教育、文化传播、促进学习的作用,成为全民阅读的推动者,为社会阅读贡献自己的微薄力量。实践证明,借助公共图书馆总分馆体系这一有力载体,阅读推广工作能够取得一定成效,可以使更多的亲子、家庭、社会成员方便地参与到阅读活动

❶ 张春春.基于图书馆信息生态系统的阅读困难群体服务路径研究[J].图书馆,2014(5):81-83.

中来,为阅读活动品牌建设注入新的活力与色彩❶。

案例1:开心阅读 放飞思想——苏州图书馆"开心果"亲子阅读活动❷

教育最重要的本质是文化启蒙,文化启蒙最重要的途径就是亲子阅读。阅读教育要从娃娃抓起,因此,亲子阅读对于每一个家庭而言,除了可以让孩子增强语言能力、了解更多的知识、提升写作能力以及独立思考之外,更能达成感情交流、经验传承与阅读休闲之效果❸。开展亲子阅读活动成为新时期公共图书馆读者服务工作的重要内容,也是营造和谐家庭、塑造快乐学习环境的重要手段。

1. 活动相关背景

相城区是苏州市最新设置规划的城区,2001年2月28日经国务院批准设立,是典型的城乡结合式城区。据苏州图书馆少儿部掌握的数据来看,相城区自设立以来,亲子阅读动尚且缺失。苏州图书馆作为已具有2500多年历史的城市文化窗口,阅读推广是其不可推卸的责任。相城分馆作为苏州图书馆的第15个分馆、相城区的首个分馆,她所肩负的责任更加重大,因为她要将阅读触角延伸至相城区的每个角落,将社会阅读和亲子阅读引领走入相城区的每个家庭,因此打造相城区亲子阅读品牌活动已刻不容缓。

2. 活动过程

(1)活动理念

相城分馆欲将3~12周岁的亲子阅读活动打造成为相城区具有长效性和公益性的亲子阅读品牌活动,因此把"开心阅读 快乐成长激发兴趣放飞思想"确立为相城区亲子阅读的活动理念。相城分馆希望来到图书馆的小读者可以通过亲子活动找到阅读的乐趣,同时我们也愿意陪伴他们一

❶ 刘鑫.公共图书馆总分馆服务体系下的儿童阅读品牌活动建设——以苏州图书馆为例[J].河南图书馆学刊,2013(12):116-119.

❷ 刘鑫.开心阅读 放飞思想——"开心果"亲子阅读活动[J].图书馆杂志,2014(4):103-106.

❸ 李秋颖.少年儿童图书馆开展亲子阅读活动初探[J].图书馆工作与研究,2006(5):108-110.

起快乐成长；相城分馆希冀小读者通过阅览各类书籍，激发对万事万物的好奇心与研究兴趣，在知识的海洋里放飞思想，自由翱翔。

（2）活动名称由来

相城分馆将建设属于孩子自己的、寓教于乐的美好乐园，一切站在他们的角度，所以在正式开展活动前就非常注重发挥小朋友在活动中的自主性，就连"开心果"的名字都是从小读者中广泛征集得来的。相城分馆在小读者间广泛征集活动名称和阅读主题，在活动正式开始前的一个星期，将他们认可次数最多的名称定为亲子阅读活动名称，完全从读者的兴趣、爱好出发，并希望通过此项活动弥补相城区亲子阅读活动的缺失。

（3）活动初期面临的困难

"开心果"亲子阅读活动的内容形式丰富多样，包括绘本故事、绘画、手工制作、舞蹈、游戏等，这就对开展亲子阅读活动的馆员在个人能力方面提出很高的服务要求，不但要具备阅读活动的策划、组织与协调能力，还要掌握一些早期教育方法，更要具备幼儿心理学等相关专业知识，但囿于工作人员数量和操作能力有限，不能很好地满足既定设想，于是对顺利开展活动带来诸多困惑与难度。

（4）解决资源匮乏的方法

让小读者享受阅读童书的快乐，不是一朝一夕能完成的，长期稳定的亲子活动需要大家的共同参与。相城分馆为了能顺利开展活动，多方求助，不仅提供书面陈述，还到相城区文体局当面探讨活动的可行性，最终在相城区文体局、教育局、文明办和苏州图书馆少儿部的大力支持与协助下，公开面向社会招募公益力量。由于相城区地处偏远，不适合在全市范围内找寻公益力量，于是相城分馆在全区范围内诚挚找寻属于自己的志愿者，并起草相城片区志愿者征集令和志愿者管理制度。只要具备以下条件便可成为公共图书馆的志愿力量：热爱儿童文学，想要进一步了解儿童文学；愿意义务给孩子讲故事或进行幼儿教育；可以按照图书馆的要求与活动安排准时参与活动；有爱心，有信心并富有责任心。通过多方努力，最后，我们的志愿者是来自相城区幼儿园、小学的老师和幼儿师范学校故事姐姐志愿者队伍。她们愿意利用自己的休息时间为社会公益活动奉献微薄之力。相城分馆现已拥有60名左右热爱儿童文学和义务给小读者带来知识分享和阅读快乐的志愿者。正是因为这些志愿者的倾情付出，为图书馆少儿阅读活动打开了新的局面。

（5）活动的具体要求

"开心果"亲子阅读活动的策划是由2~4名志愿者共同完成，志愿者根据时间节点选取活动主题。3~12周岁小读者的一个显著特点就是好动，注意力不能像成年人一样长时间集中在一个活动内容里，所以每一期的亲子活动由3~4个活动内容组成，时间控制在1~1.5个小时。其中讲绘本故事、引导小读者如何认识图书和图书馆、感恩教育等与阅读和上级单位要求的特定主题相关的活动形式是必选内容，手工制作（剪纸或折纸）、舞蹈、游戏、绘画可根据志愿者的特长组成不同的活动形式。志愿者要提前一个月提交一份详细的活动策划书，每一份策划书里都要包括前言、活动目的、活动的具体内容和操作方法、活动必备材料、活动时间和活动地点。相城分馆根据活动主旨和可操作性对每一期志愿者的活动策划书提出修改建议并提供相应设备和活动工具，双方共同合作完成亲子阅读活动。

为了确保活动现场小读者的人身安全以及加强亲子间的交流、沟通与互动，活动期间，家长必须陪同在孩子身边共同完成所有活动内容。活动现场将有1~2名图书馆工作人员协助志愿者维护现场秩序，并向有亲子活动经验的志愿者学习面向幼儿讲故事的讲述技巧以及绘画方法和简单的手工制作，以便于在没有志愿者的情况下，图书馆工作人员依然可以独立地、高效地完成亲子阅读活动。志愿者在每一期活动结束之时，都会结合本期活动的相关主题为参加亲子活动的家庭推荐3~5本与主题相关、有意义的绘本或拼音读本，感兴趣的亲子家庭可以到少儿阅览室办理借阅服务。活动结束后，相城分馆也会根据现场实际情况与志愿者进行沟通，维护好活动秩序并进一步提升活动质量，为下一期的活动做好准备，让每个亲子家庭都能在活动中有所收获。

在所有志愿者完成的活动中,给我印象最深刻的是相城区某幼儿园的张老师,活动当天她为亲子家庭讲述《猜猜我有多爱你》这部经典绘本,绘本在张老师有声有色地描述中显得栩栩如生、活泼动听。这部绘本讲述结束后,张老师为现场所有的亲子家庭呈现一幅山川秀丽的照片,她让在座的小朋友在这张有河流、树木、鲜花、阳光和山峦等实景中挑选一种,再配一个形容词,来表达自己对父母的爱。比如:河水有多清澈就代表我有多爱你,鲜花有多美丽就代表我有多爱你,阳光有多灿烂就代表我有多爱你……通过这样的场景描述,不仅可以找出同龄孩子间的词汇差距,进而增加孩子的词汇量,还可以提高他们的表达能力,更能拉近子女与父母之间的亲子距离。张老师的这次活动,也为我们开展亲子阅读活动起到抛砖引玉的作用,"讲"的同时更要注重引导,进而培养孩子的发散性思维与独立思考的能力。

3. 成效与影响

"开心果"亲子阅读活动在各级领导的大力支持下以及工作人员和志愿者的配合下,取得了骄人的成绩。自2010年5月开办以来,已面向相城区的广大读者举办67期,4000余人参与,多家媒体对"开心果"亲子阅读活动给予报道。

此项活动共获各级奖11项,其中论文类3项(国家级2项,省级1项);活动类8项(国家级3项,省级1项,市级4项)。主要有中图学会青少年阅读活动金点子案例最佳策划奖、中图学会社区乡镇阅读推广活动最佳案例奖、全民阅读推广活动经典创新案例三等奖、江苏省第五届公共图书馆优秀服务成果三等奖、苏州市阅读节优秀活动奖、苏州市未成年人思想道德建设工作创新案例三等奖和中图学会获奖论文等奖项。这些成绩的取得,使得相城分馆成为苏州图书馆所有分馆中第一个获奖、也是获奖次数最多的分馆,在分馆建设中起到带头作用。

相城分馆在活动期间更注意发掘在亲子阅读方面的志愿者人才,鼓励她们多为小读者带来精彩纷呈的特色活动;并推荐部分志愿者写关于绘本和亲子阅读类文章,此类文章已被中国图书馆学会阅读推广委员会会刊《今日阅读》收录;在亲子阅读方面比较优秀的志愿者也被引荐至苏州图书馆的苏州大讲坛讲师团,在总分馆体系中不定期开展有特色的亲子讲座与家长沙龙。相城分馆举办的"开心果"亲子阅读活动已成为连接苏州图书馆及其他分馆在亲子阅读领域的桥梁;也为其他分馆举办少儿活动做出勇敢尝试,成为其他分馆学习的榜样。该活动已在相城区的小读者中留下不可磨灭的印迹,因为在这个"开心果"的魔法乐园里,他们找到的不仅仅是快乐,更多的是自信和对家庭、亲情的深入理解。在寓教于乐的氛围里,让亲子家庭享受着相城分馆带给他们的种种乐趣,这或许就是阅读与独立思考的魅力。

案例2:品牌阅读活动推进无障碍阅读的实践与启示❶

1. 活动缘起与组织

近年来,黑龙江省图书馆作为全民阅读示范基地积极、认真地组织开展了多种阅读活动,受到了公众的认可与社会各界的广泛关注。2014年初,黑龙江省图书馆结合省情实际,制订详细的全民阅读活动方案,以指导全省阅读工作的组织与实施。

2014年4月,以世界读书日暨全省第七届全民读书月活动为契机,黑龙江省图书馆与省军区合作,在全省范围内组织开展了"阅读助力人生"大型诵读演讲比赛活动。此次阅读活动以边疆万里数字文化长廊建设为依托,面向全省公众与边防部队官兵征集优秀作品,经过紧张的初评与筛选,最后精选出29个优秀作品参加于5月29日举办的"阅读助力人生"诵读演讲比赛决赛。参赛作品贴近百姓生活,不仅展现了边防战士别样的军旅文化生活,激发了全省民众对于家乡故土的热爱,更是在全社会范围内掀起全

❶ 王政,刘鑫,郭涵.品牌阅读活动推进无障碍阅读的实践与启示[J].图书馆建设,2015(8):47-51,55.

民阅读的高潮,引领阅读活动新风尚。

2014年6月,黑龙江省图书馆根据中国图书馆学会青少年阅读推广委员会的要求,以展演的形式举办了第二场"阅读助力人生"诵读演讲活动。此次活动对象主要是全省少年儿童,大赛将征集到的全部节目在活动现场进行展演,后将获奖的《做一片美丽的叶子》等5个优秀作品推送至中国图书馆学会参加"全国少儿中华经典诵读大赛",最终获优秀奖两项、团体银奖一项及最佳组织奖荣誉称号。此次儿童诵读活动不仅增强了少年儿童对我国优秀传统文化的认同和自信,还使其开阔眼界、丰富内涵、净化灵魂、启迪智慧、提升素质,使更多的少年儿童走进图书馆、了解图书馆、参与阅读、爱上阅读。

2014年8月,黑龙江省图书馆再一次延续"阅读助力人生"这一主题,在全馆内部组织馆员开展"阅读助力人生"馆员读书系列活动之书友座谈会。馆方结合当前热门文学作品、优秀本土作品、实用专业参考用书拟定馆员阅读书目,并从中精选了《蛙》《自由在高处》《共享阅读》《额尔古纳河右岸》4本图书为主要阅读内容。全体馆员参与其中,自主选择一本感兴趣并已阅读的图书,根据个人意愿报名分组召开书友座谈会,进行读书感想交流。书友会的气氛热烈融洽,馆员们将自己的心得体会记录下来并形成读后感进行分享,短暂的交流激起了对于文学热爱的共鸣,引发对于业务工作的思考,有效提升了馆员的业务素质与职业热情,充分展现了图书馆员积极向上的精神风貌。

2014年9月,"阅读助力人生"农民朗诵演讲比赛作为黑龙江省首届农民文化节的主要活动版块之一,再一次面向全省各地市、县图书馆及农垦总局各分局图书馆征集农民朗诵演讲节目。初评阶段共收到各单位推选报送的优秀作品121个,最终评选出56个比赛节目、9个展演节目参加于2014年9月25日、9月26日在黑龙江省图书馆报告厅举行的"阅读助力人生"农民朗诵演讲比赛决赛。整个赛程历时两个月,参赛作品主要以歌咏家乡、吟诵黑土、读书励志为主题,推进了全省农民阅读工作的深入开展,得到了广大农民群众的积极参与和广泛认可,激发了农民群众的阅读热情,展现了城镇化建设成果和新时期农民群众的精神风貌。参赛节目贴近农民生活,整个活动开展得有声有色、精彩纷呈、反响热烈,被选手们称赞为"农村文化人的大联欢"。

2014 年 12 月,在第 23 个国际残疾人日来临之际,黑龙江省残疾人联合会与省文化厅联合举办了"阅读助力人生"全省第一届残疾人朗诵演讲大赛。黑龙江省图书馆凭借品牌化的阅读推广宣传策略和丰富的阅读活动组织经验,再一次具体承办了此次面向残疾人的诵读演讲比赛活动。活动从初赛到决赛历时一个月的时间,最终确定 20 个节目进入决赛。比赛活动中,残疾人选手结合自身经历、读书体会和个人思考,用生动的语言、感人的情怀展示了残疾人自强不息、热爱生活的良好精神风貌,让积极健康的文化生活成为残疾人生活的一部分,为促进学习型社会与边疆文化大省建设、不断推动残疾人文化事业发展、营造书香龙江与全民阅读氛围提供助力。

2. 活动形式灵活多样

以"阅读助力人生"为主题的系列阅读推广活动采取诵读、演讲、书友会等多种形式相交叉、原创与经典相融合的方式开展,参赛者可以根据自身阅读情况自主选择参赛形式。活动内容的确定旨在激发公众对阅读的热爱和对家乡的赞美,传递社会正能量。演讲类比赛作品内容突出纸本阅读与数字阅读对提升人文精神、坚定理想信念、促进边疆文化繁荣、推进城镇化建设、丰富军民文化生活的重要作用;诵读类比赛作品则包括对经典篇章的诵读,对大美龙江自然景观、文物古迹、历史文明、社会发展、民间艺术、民俗风情、地域文学等的赞美歌颂。例如,举办的五场全民诵读演讲比赛中,有的作品以《用阅读点亮生命》《知识改变生活》《墨香溢满农家院》为题,讲述个人阅读经历与成长致富之路;有的作品以《大美龙江 黑河恋歌》《美丽的兴安,我的家》《达江颂歌》为题,赞美家乡人文、风景、物产,歌颂美好生活;有的作品以《有爱就有希望》《为生命喝彩》为题,表达积极向上的生活态度,激励斗志;有的作品以诵读经典、弘扬中华优秀传统文化为宗旨,包括《岳阳楼记》《赤壁赋》等古体诗,还包括《书籍》《雨巷》《再别康桥》《白杨礼赞》等经典文学作品篇章。

这种诵读与演讲相交叉的活动形式,其优点在于:读者可以根据个人情况选择阅读内容和表达形式,可以演讲原创作品,也可以诵读经典文学作品篇章;活动组织者可以根据参赛节目的内容、参演人数、参演形式等进行节目排序,如将演讲类与诵读类节目穿插进行,多人节目与单人节目交叉展演,使活动现场具有较强的观赏性。

3. 活动实施高效有序

"阅读助力人生"诵读演讲比赛系列活动由黑龙江省文化厅主办,省图书馆具体承办,全省各市(地)文化部门、图书馆、农垦分局、残联、边防部队、学校等都给予了高度重视并积极参与。值得一提的是,阅读推广活动的举办牢牢抓住全省第七届全民读书月、首届农民文化节、第23个国际残疾人日等契机,由省文化厅、省图书馆学会、省军区、省农垦总局、省残疾人联合会联合发文,广泛发动,形成了面向基层、全民参与的活动态势,进一步营造了书香龙江、全民阅读的氛围。而且,各基层单位认真组织与积极筹备本区域的初赛活动,并踊跃推选优秀作品参加全省决赛,既凸显了基层图书馆在推广阅读方面的重要作用,又积极调动了广大基层民众的参与兴致。

亮点一:活动的组织高效有序,将全省大型比赛活动分阶段进行,下发时间进度表,以推进各阶段工作任务圆满完成。活动组织者将全省阅读推广活动进程划分为四个阶段。第一阶段:由各基层图书馆组织本区域内的诵读演讲比赛暨初赛,并将比赛结果、相关情况、推荐比赛节目报送各地市图书馆,各地市图书馆汇总。第二阶段:各地市图书馆将汇总情况报送组委会办公室(即黑龙江省图书馆),组委会办公室不定期抽查督导比赛进程。第三阶段:组织专家对各地推荐的参加决赛的节目进行初评,评出参加决赛的节目,筹备决赛活动相关事宜。第四阶段:现场决赛。第一阶段在各基层单位分别进行,第二、三、四阶段均在黑龙江省图书馆完成。

亮点二:活动的组织考虑到群体针对性,分级选拔、逐级选送、分组进行。"阅读助力人生"系列诵读演讲比赛活动除面向全省基层群众的活动外,单设有少儿组、农民组、馆员组、残疾人组的活动,并结合不同群体的特点采取不同的活动形式。例如,少儿组的阅读活动采取展演的形式,根据小读者们的身心特点与兴趣爱好将活动重点放在经典诵读上,通过组织广大少年儿童阅读和诵读中华优秀传统文学经典,弘扬中华优秀传统文化,使少儿读者学习国学经典,感受汉语言的无穷魅力;馆员组的阅读活动将重点放在读书座谈交流,通过读书交流会分享读书感悟,探讨图书馆业务工作发展与自身服务能力改进;农民组的阅读活动将重点放在科普阅读领域,通过推进农民群体参与阅读,激发农民群众的阅读热情,让积极、健康的文化活动占领农村文化的主阵地;残疾人组的活动重点在于阅读励志,通过组织残疾人群体文化活动,使其感受来自社会的关爱和温暖,鼓励残疾人通过阅读丰富精神生活、提高生活技能。

亮点三:活动的组织细致全面,对各基层单位报送的材料做出明确要求,以保证活动的顺利开展与实施。组委会下发通知时要求各基层单位报送材料包括两部分:一是各地初赛方案、活动开展情况、评比结果与相关宣传报道佐证材料,以督促基层阅读活动的组织与开展;二是本地市各县区推荐参加全省比赛节目的汇总表、视频与文案,要求体现作品来源是否原创、参赛作品介绍、参赛选手介绍等信息,以用于活动及参赛节目的宣传。组委会办公室组织评委对各地推选的参赛节目进行认真初评,并对各地市活动进行全程督导。

三、提供专业的阅读引导与辅导[1]

目前,阅读困难群体的规模庞大,并且有日益趋向弱化的趋势,值得社会各界关注。而图书馆作为国家基于信息公平的阅读权利保障制度安排,

---

[1] 张春春.基于图书馆信息生态系统的阅读困难群体服务路径研究[J].图书馆,2014(5):81-83.

在为阅读困难群体提供服务进而保障其阅读权利方面具有重要的历史责任。在图书馆信息生态系统中,阅读困难群体以一种特殊知识消费者的身份出现,具有自己的阅读需求。首先,图书馆员应以知识生产者的身份为其采购所需的阅读资源、阅读设备或通过信息技术将已有的阅读资源转化成可以为其所用的形式,并对这些资源进行分类整合以满足阅读困难群体中个别读者的阅读需求;其次,图书馆员应作为知识传播者,将经过整理、加工的信息推送给阅读困难群体;最后,通过信息反馈了解阅读困难群体的阅读需求满足情况,并据此对循环中的某些环节作出相应的调整。可以看出,在图书馆信息生态系统中,我们不能忽视知识生产者与知识传播者对知识消费者在选择阅读资源上的指导作用。

图书馆理论知识体系博大精深,又与多个学科有着交叉和联系,加上图书馆工作与阅读行为联系密切,具有专业性与职业性,因此,图书馆能够为阅读困难群体提供最为专业的阅读引导与辅导。图书馆为阅读困难群体提供专业化阅读引导与辅导的方式包括:其一,为阅读困难群体推荐优质的书目信息;其二,为阅读困难群体提供形式多样的阅读方法指导培训;其三,为阅读困难群体提供心理辅导;其四,为阅读困难群体的家人或亲友提供引导阅读困难群体进行阅读的方法。同样,公共图书馆是阅读指导的服务阵地,可以为阅读困难群体提供丰富的图书资源,营造积极的心理环境,通过各种方法和途径向阅读困难群体和有引导能力的成人推介优秀的阅读素材、阅读指导方法和阅读理念。图书馆对于家庭的阅读指导工作具有专业性和不可替代性等特点。近几年俄罗斯的公共图书馆和少儿图书馆开展的家庭阅读服务具有代表性,其中贝尔米地区部分儿童图书馆为此进行了"图书馆与家庭"的研究项目,从社会教育学角度指出两者之间相连的重要性以及图书馆应对的措施并制定了阅读大纲等。俄罗斯图书馆的这种"图书馆+家庭"服务模式将发展家庭阅读与建立社会目标联系在一起,使社会的每个人参与家庭阅读❶。

然而,就目前的理论研究与实践操作来看,在众多阅读困难群体中,对于未成年人进行早期的阅读引导与辅导能够取得较大的改善效果。因此,在图书馆服务中引入心理学领域的"最近发展区"理论,有助于拓展图书馆为阅读困难群体提供的阅读引导与辅导服务研究思路。

案例:基于"最近发展区"理论的公共图书馆儿童阅读服务研究❷

1."最近发展区"理论概述

苏联社会文化历史学派创始人维果茨基于20世纪30年代在认知发展心理学领域提出"最近发展区"理论,该理论认为儿童发展有两种水平:一种是儿童现有发展水平,即独立活动时所能达到的解决问题的水平;另一种是儿童潜在发展水平,即通过指导、干预所获得的潜力。这两种儿童发展水平之间的区域被称为"最近发展区"❸。依此理论,为了使儿童有更好水平的发展,教育指导者应在儿童的"最近发展区"内给予一定的干预和指导,为儿童提供带有难度的内容,调动儿童的学习积极性,激发其潜在能力,从而达到超越"最近发展区"上限、走向下一发展阶段的目标,并在此后继续进行下一个发展区的发展(见图6-1)。

"最近发展区"理论从心理学角度揭示了干预、学习与发展之间的辩证关系,打破了传统研究仅关注儿童智力现有发展水平的局限,强调关注儿童的第二种发展水平。维果茨基将"最近发展区"定义为"一段距离"❹,即儿童独立解决问题时所显示的实际发展程度与儿童经由成人指导或与有能力的同伴合作来解决问题时所显示的潜在发展程度之间的距离。而对

---

❶ 王静美,朱明德.俄罗斯图书馆的家庭阅读新模式研究[J].图书馆工作与研究,2005(1):18-20.

❷ 徐然.消基于"最近发展区"理论的公共图书馆儿童阅读服务研究[J].图书馆建设,2015(8):68-71.

❸ 王光荣.维果茨基研究热的理论透视[J].心理科学,2000(6):758-759.

❹ 余震球.维果茨基教育论著选[M].北京:人民教育出版社,1994:361-375.

处于"最近发展区"进行干预则是为儿童不断建构自己、不断建造新能力提供支持。

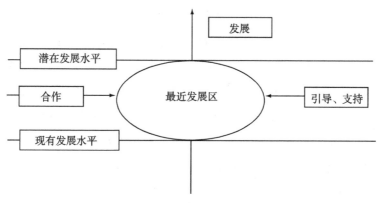

图6-1　"最近发展区"理论图解

2．基于"最近发展区"理论的儿童阅读困难干预

"最近发展区"理论为我们提供了理解儿童阅读发展的新途径，有助于引导成人用发展的眼光来正确看待儿童的能力、挖掘儿童的潜在发展水平。不可否认，在幼儿园的课堂教学、儿童游戏、儿童与教师以及家长的交往过程中，在儿童社会教育（如在图书馆阅读学习）活动过程中，在儿童的心理成长活动过程中，在对儿童能力的评估中，都存在"最近发展区"。而且每个儿童都拥有自己的"最近发展区"。如果儿童在"最近发展区"内接受干预学习，对其个人发展会显现出更为理想的效果。同时，"最近发展区"理论也蕴涵着另一个重要思想，即在儿童的"最近发展区"内，如果他们能得到成人的帮助，则比较容易理解单凭自己而无法掌握的知识，儿童能够通过与成人或更有经验的同伴的社会交往而跨越自己的"最近发展区"，从而达到一个更高的发展水平。这就意味着，这个理论承认了儿童发展的主体性和教育干预的主导性，并且明确指出干预要走在发展的前列。

对于阅读困难儿童而言，也存在自身阅读能力发展的"最近发展区"。

虽然阅读困难儿童的阅读水平显著落后于其相应智力水平或生理年龄,但是可以通过对其阅读能力发展的干预,使其落后的阅读水平向同智力水平、同年龄的普遍水平发展,使其自身的阅读水平与智力水平、生理年龄相适应。这个过程是在儿童内在阅读兴趣被激发时,希望主动阅读,并将阅读成果与原有知识结构整合完善的过程,是一种从同化到顺应到再同化、从平衡到不平衡再到平衡的循环过程。传统的阅读活动中,常常是老师单方面的灌输,儿童缺少同化与顺应的过程,缺少探究、倾听与合作。特别是阅读困难儿童,普遍缺少伴读人的干预,长期下去,这些儿童的阅读需求得不到满足,阅读的动机就会减弱,阅读潜能将得不到发挥。

目前"最近发展区"理论在阅读领域多用来指导儿童早期阅读和儿童阅读材料的设计,也有部分研究用该理论探讨教师作为儿童阅读的"帮助者"和"促进者"的作用,研究阅读内容的难度设计对儿童阅读的影响,研究阅读困难儿童情绪健康教育策略。综观现有研究成果,很少有研究人员从公共图书馆阅读指导角度出发探讨应用"最近发展区"理论解决儿童阅读困难问题。

3. 公共图书馆儿童阅读活动对阅读困难儿童干预的策略

结合上述研究,下文将针对阅读困难儿童的阅读能力发展特点,寻找儿童的"最近发展区",研究图书馆通过开展不同方式的少儿阅读推广活动,帮助儿童克服阅读障碍,习得最佳的语言模式,以阅读活动促进阅读困难儿童的社会交往能力和个性的发展。

(1)利用绘本资源创设阅读情境,培养阅读兴趣

绘本,英文称Picture Book,顾名思义就是"画出来的书",即指一类以绘画为主,并附有少量文字的图书。❶现在市面上的绘本图书以低幼儿童阅读为主,内容涉及文学、教育、科普等领域。公共图书馆可以充分利用绘本资源,挖掘绘本中蕴含的教育价值,将绘本内容还原成符合儿童理解能力的阅读情境和互动场景。儿童在活动中体验故事内容,将情感投入到情境

---

❶ 绘本[EB/OL].[2015-01-31].http://baike.baidu.com/view/377839.htm.

中,比较容易产生学习兴趣,从而克服阅读注意力无法集中等症状。公共图书馆还可以开展绘本DIY活动,充分调动儿童的积极性,发挥儿童想象力,使儿童自主创作、设计、绘制完成一本图画书;也可利用破旧图书将不同的人物背景剪切下来,由幼儿自主发挥想象力,通过粘贴添画制作完成一本图画书。儿童的故事逻辑较为简单,具有独特性、抽象性,这种阅读方式通过手、眼、脑配合完成,能够激励儿童的绘本创作热情和阅读兴趣。制作完成后,由儿童将自己的创意和作品内容与大家分享阅读,还有助于锻炼儿童的表达能力与思维连贯性。图书馆可以收藏其中优秀的原创手工作品,并定期举办原创绘本展等活动。

(2)提供支架式指导,开展启发式的主题阅读活动

阅读困难儿童进行深入阅读,需要阅读指导者的辅助和支持。图书馆可以在其"最近发展区"内搭建"一架梯子",使儿童通过"爬梯子"自己由实际阅读能力向潜在阅读能力迈进。图书馆员作为阅读指导者,要学会如何"搭梯子",为儿童阅读能力迈进提供支架。这个"梯子"就是要围绕阅读主题开展阅读活动,将复杂的阅读任务加以分解,使儿童在不断完成阶梯任务过程中一点点"爬升"。公共图书馆可以在国际儿童图书日、少儿阅读年、少儿阅读月甚至寒暑假期间开展主题征文比赛、听故事讲故事活动、经典读书会、少儿数字阅读体验等主题阅读活动。儿童阅读活动的策划要紧扣主题,提出有助于提高儿童知识技能发展的活动目标,旨在帮助儿童形成积极的学习态度、提升听说读写能力。儿童阅读活动的开展可采取集中活动和个别辅导相结合的方式,一方面要放手让儿童主动探索,另一方面要对活动中需要帮助的儿童给予适时提示和关心。此外,还要在阅读活动结束后为阅读困难儿童建立阅读能力培养档案,把儿童阅读训练中的经历进行记录,将阅读活动成果量化,对进步的儿童予以及时表扬,对活动内容、方式、流程等进行梳理。

(3)提高家长阅读指导能力,倡导交互式的亲子共读

亲子共读,又称亲子阅读,是指在家庭中大人与孩子一起阅读。从阅

读活动的内容来看,除了核心的阅读活动外,亲子阅读可以从选书开始,一直到读后的交流,形成一个"选书—读书—聊书—再选书—再读书……"循环立体的过程❶。家长与孩子在整个过程中,一起阅读一起学习,不仅扩展了知识,又增添了情感交流,使儿童潜移默化地享受阅读、爱上阅读。公共图书馆作为全民阅读的组织者与"辅导员",一方面可通过向家长发放儿童阅读能力调查问卷,了解家长在指导儿童阅读方面的情况及亲子共读时存在的困难,并提供相应的阅读辅导服务;另一方面,在亲子阅读区提供更适合阅读困难儿童的阅读资源,如色彩鲜明、文字大而清晰的绘本,有声伴读的数字读物、辅助阅读软件等,为阅读困难儿童开辟亲子互动空间。此外,公共图书馆还可以联合更多的公益亲子阅读组织与家长分享亲子阅读的实践经验,探讨亲子阅读的互动游戏课程与活动技巧,如定期开展"爸爸、妈妈讲故事"等互动游戏活动,家长边讲故事边参与到游戏中,使儿童体验家庭游戏乐趣。

四、提供无障碍的阅读环境

图书馆作为公众的精神家园,努力通过各种方式满足公众的精神文化需求,同样应该让阅读困难群体有家园归属感、有置身"天堂"的真实体验。以往图书馆在人们心目中留下的印象无非是呆板的书架和整齐陈放的图书。然而,从促进阅读、以人为本的图书馆环境布置角度出发,图书馆应该是光明、整洁、安静、舒适的阅读空间和良好的文化休闲和娱乐场所。因此,打造无障碍的阅读空间与阅读环境应从人文空间、绿色空间、数字空间谈起。

(一)人文阅读环境营造

现代公共图书馆的环境营造强调空间设计的人文性、设备设施的便利性、阅读资源的可获性。从这个角度出发,良好的人文阅读环境营造有赖

---

❶ 亲子共读[EB/OL].[2015-01-31].http://baike.baidu.com/subview/195383/13748037.htm.

于专门布置的、适宜的建筑空间,无障碍设施与设备的随时提供,图书的摆放陈列。读者尤其是未成年人的阅读非常容易受到环境的影响,所以为了阅读困难群体能够热爱阅读、专心于阅读,图书馆的建筑设计与装修要最大限度地利用现有空间和墙体结构,在有限的空间里陈放最多图书的同时,营造舒适、适宜的阅读环境。以人的需要为出发点,打造美与和谐共存的阅读环境,全面展现了图书馆保证阅读困难群体阅读权利、关注其精神发展所做出的努力。人文阅读环境强调人与自然的和谐共处,图书馆在充分利用空间的同时要考虑自然采光与通风的设计。好的图书陈列方式不仅是图书馆内的最佳装饰品,还可以影响到读者的阅读兴趣和阅读情绪。所以,图书馆的阅读环境设计还要从环境心理学视角出发,根据阅读困难群体的心理需求进行空间的设计与分割,根据阅读困难群体的阅读行为习惯确定框架和布局,以减少其心理不适应性。例如,法国富热尔图书馆就十分注重营造舒适的阅读空间——一个藤条制作的亚空间,给人置身于大自然的感觉,使阅读环境得以有效的延伸[1];大庆市大同区图书馆设置了迷你读书区与少儿城堡,青少年可以找个舒适的角落沉醉于阅读,有效隔离外界的干扰。另外,图书馆人文阅读环境的营造还应注重无障碍设备、设施的提供与改造,从细微之处做起,充分考虑阅读困难群体对图书馆服务空间的使用需求。

(二)绿色阅读环境营造

党的十八大报告中明确提出"经济建设、政治建设、文化建设、社会建设、生态文明建设五位一体总体布局",按照此要求,构建绿色阅读环境应是图书馆界努力的方向。绿色阅读环境要求建筑、环境、设施符合人类健康的生理标准,包括适宜的采光、照明和温度等。有实验表明,当室内照明度控制在150~200lx之间时,光线较为适宜,而且有助于稳定阅读情绪、增强记忆力;当室温应保持在20~28℃时,既能够节约能源,又可以提高大脑处

---

[1] 张彬.图书馆空间的审美化与阅读环境设计[J].大学图书馆学报,2012(5):28-38.

理信息和解决问题的能力❶。例如,美国纽约的南牙买加公共图书馆重视绿色阅读环境打造,更多地借助自然光以减少能源消耗,使用可循环利用的材料,采用被动式供暖与制冷系统改善馆内空气质量❷。同时,良好的阅读效果有赖于轻松、愉悦的心态和绿化、美化的室内外环境。为实现自然人文环境的和谐统一、满足读者对身体健康的需求,图书馆应多摆放绿色植物,从而净化空气、吸收噪声,美化环境。

(三)数字阅读环境营造

数字阅读通常是指人们以手机、MP4、PSP 等移动设备为通讯终端,通过无线/移动通信网络进行的口袋化、移动化、个人化的电子阅读行为,阅读的内容包括图书、杂志、动漫及各类互动资讯等❸。数字阅读具有阅读工具的便携性和可移动性、阅读内容的可检索性和及时获取性、阅读行为的持久性和连续性、阅读效果的低碳性和绿色性、阅读影响的广泛性和社会性等特征❹。根据《2014 年第十一次全国国民阅读调查报告》显示,2013 年有44.4% 的成年国民进行过网络在线阅读,41.9% 的国民进行过手机阅读,5.8% 的国民在电子阅读器上阅读,0.9% 的国民用光盘阅读,2.2% 的国民使用 PDA/MP4/MP5 等进行数字阅读;在电子书报刊阅读方面,2013 年我国成年国民电子书阅读率为 19.2%,电子报的阅读率为 8.5%,电子期刊的阅读率为 5.0%❺。数字阅读已悄然走进人们的生活。图书馆应充分发挥数字阅读的优势,丰富阅读困难群体可获得和可接受的阅读资源品种,通过数字化

❶ 毛汉玉.未来新型图书馆阅读环境的构建[J].科技情报开发与经济,2010(23):56-57.

❷ 朱珺.论现代图书馆阅读环境的建筑设计理念[J].江西图书馆学刊,2013(3):20-22.

❸ 赵乃瑄,周静珍.移动阅读环境下大学图书馆的转型、创新和合作[J].图书情报工作,2012(9):48-51,74.

❹ 赵乃瑄,周静珍.移动阅读环境下大学图书馆的转型、创新和合作[J].图书情报工作,2012(9):48-51,74.

❺ 中国新闻出版研究院:2014 年第十一次全国国民阅读调查报告[EB/OL].[2015-01-31].http://www.199it.com/archives/224296.html.

技术平台、数字化资源存储以及数字化管理方式强化数字资源的利用；同时，向阅读困难群体推介数字资源服务优势，将数字资源推送到阅读困难群体身边。例如，黑龙江省图书馆开展的"我是你的眼"全民阅读公益助盲活动就是充分发挥数字阅读的延伸力量，为盲人读者提供下载有电子书的阅读设备，由志愿者将电子书送书上门，待盲人读者听读完后取回，并按照盲人读者的阅读需求重新下载数字阅读资源。

五、提升阅读困难群体信息素养[1]

在图书馆信息生态系统中，信息环境对信息消费者具有规范信息行为的作用，其主要表现在：通过购置信息基础设施以方便信息消费者获取信息资源；通过信息制度规范信息消费者的行为，使其在满足自己的信息需求的同时不影响他人获取信息资源；通过信息技术改变信息消费者获取信息资源的方式。同时，信息消费者对信息环境亦有改造作用。对于阅读困难群体来说，只有具备了基本阅读能力（对于残障人士而言，学会使用特殊阅读工具即为具备了基本阅读能力），才能防止被边缘化。信息素养教育机制是图书馆阅读资源配置效率的必要支撑。一般而言，信息素养教育包括学校教育、社会教育和家庭教育，在内容上主要涉及公众和图书馆工作人员的信息意识培养、信息知识普及、信息能力培训以及信息伦理宣教等。从服务主体的角度，图书馆员是提升图书馆服务质量的关键因素，面对阅读困难群体，图书馆应注重加强馆员的信息素养和服务能力，使服务特殊群体的馆员能够以适宜服务对象方式，与之沟通交流、推介阅读资源，提供充满人文关怀的优质服务。同时具有一定信息能力的馆员还可通过送书上门、绘本阅读等阅读推广服务，及时准确掌握阅读困难群体的阅读需求和信息行为特点，有针对性地为图书馆阅读资源配置提供建设性意见。从用户角度讲，一定的信息素养是他们发现和获取阅读资源、利用信息知识、进行阅读文娱消遣等活动的先决条件。图书馆作为社会公共文化信息和

[1] 张春春.基于图书馆信息生态系统的阅读困难群体服务路径研究[J].图书馆,2014(5):81-83.

教育机构,应责无旁贷地担负起提高公民信息素养的责任[1]。

同样,在图书馆信息生态系统中,竞争现象普遍存在于知识消费者之间,其主要表现为不同信息群体对有限的阅读资源的争夺。这种竞争如果保持在一个合理的范围之内且竞争强度维持在一个适当的程度内,其竞争有利于提高知识消费者对阅读资源的使用频率。而如果超出合理的竞争范围与强度,则会造成处于有利地位的群体获得更多的阅读资源,而处于不利地位的群体的阅读需求普遍得不到满足,进而造成图书馆信息生态系统的不平衡。阅读困难群体在图书馆信息生态系统的知识消费者中即属于处于不利地位的群体。信息行为自律就是通过信息人道德自律和文化内省而对自己的信息行为进行自我约束、自我保护并对净化信息环境承担责任的过程。信息消费者的行为自律包括三个层次:第一层为自我约束,即信息消费者要约束自己的欲望,对自己的信息行为进行一定程度的限制;第二层为自我保护,即信息消费者通过各种信息工具和手段保护自己的信息权益不受伤害;第三层为帮助其他信息消费者纠正其不正当的信息行为,反映出信息消费者的自律意识已经上升到了公益的程度,发挥信息消费者行为自律的核心是大众普遍接受的信息伦理道德规范。图书馆可以通过展板宣传、阅读困难群体与其他信息消费群体共同阅读、志愿者活动等方式营造舆论环境,提高用户自律行为的层次。

为了更充分地保障阅读困难群体的阅读权益,图书馆要大力发展自身的信息知识传播和社会教育职能。以阅读能力为基础的信息素养教育机制关键在于通过阅读知识的科普宣传、基本阅读能力培训、免费信息咨询和定题服务等项目,使部分阅读困难人群(如文盲、半文盲、功能性文盲等)跨越阅读能力上的障碍,学会阅读,享受阅读。总体而言,信息素养教育机制在图书馆服务阅读困难群体中主要有三个功能:一是通过加强阅读主体能力建设,以提高阅读资源配置的科学性和有效性;二是从服务角度看,提高了图书馆对服务对象的认知深度和保障力度,以及用户对图书馆配置的

[1] 洪伟达.图书馆保障弱势群体公共信息获取权益研究[J].情报资料工作.2014(1):36-40.

信息反馈效度；三是从社会教育角度讲，加强公民的素质教育和阅读文化建设，为图书馆阅读资源配置和发展争取更为广泛的社会支持❶。因此，图书馆可以与社会相关机构合作，为阅读困难群体举办阅读技能培训班；也可以聘请相关方面的专家，为阅读困难群体开办专题讲座，等等。例如，北京市于2006年启动了"信息化互助行动"，为信息弱势群体提供无偿的信息化知识普及和上网培训，收到了很好的社会效果。

六、提倡阅读疗法的介入与应用

　　美国阅读疗法研究权威罗宾（Rhea Joyce Rubin）在其所著的《阅读疗法应用》（*Using Bibliotherapy*）一书中，将阅读疗法定义为："以媒体和读者之间的交互作用的过程为基础的一种活动计划。不论利用虚构的或非正式的印刷或非印刷资料，皆需有指导者给予讨论与协助。"❷另一位美国学者韦伯斯特（Webster，1981）则认为阅读治疗是："通过针对性的阅读，为解决个人问题提供指导。"❸韦伯斯特将阅读治疗的对象和范围扩展为一切有需要的人，极大丰富了阅读治疗的内涵。随着阅读疗法理论研究的不断深入发展，国际阅读协会在《读写词典》中的定义更为容易接受，即"阅读疗法是指有选择地利用作品来帮助读者提高自我认识或解决个人问题"❹。这种阐述方式将阅读治疗从医学领域扩展到心理学、教育学等其他领域，使阅读治疗具有了更加广阔的发展空间，即从传统上用于帮助精神病人或住院病人解脱转向对一般人生理和心理问题的关注。

　　从阅读疗法的实施过程不难看出，传统"生物"医学的模式正向"生物→心理→社会"的现代医学模式转变。对于同时存在身体疾病和精神痛

---

❶ 李昊青.面向阅读困难群体的图书馆阅读资源配置机制研究——基于信息公平视角[J].图书馆建设，2015（8）：49-54.

❷ 王晓美.公共图书馆阅读疗法应用研究[D].郑州：郑州大学，2012.

❸ 王晓美.公共图书馆阅读疗法应用研究[D].郑州：郑州大学，2012.

❹ 王晓美.公共图书馆阅读疗法应用研究[D].郑州：郑州大学，2012.

苦的阅读困难群体来说,图书馆应用阅读疗法不仅可以解除其身体上的痛苦,同时也能缓解其精神上的折磨。如果图书馆可以适时适度地为病人乃至病人亲属提供医学类书籍、消遣读物,不仅有助于解除其心理压力,满足其主动阅读医疗知识的愿望,而且十分有助于病人的康复❶。阅读疗法在图书馆领域的应用不具有普遍应用价值,图书馆应针对阅读困难群体的个体特征适时事实地引用,包括提供推荐阅读书单、有声读物及相应的设备设施,提供阅读资源使用方法指导,提供心理咨询和阅读方法指导等,从而实现疏导阅读困难群体的心理问题,有益于阅读困难群体的身体健康,帮助其融入社会。

第三节　搭建多元的组织保障平台

一、完善公共图书馆服务体系❷

为实现公共文化服务普遍化、均等化的良好目标,阅读困难群体服务的顺利实施与广泛开展需要延伸的公共图书馆服务触角与健全的公共图书馆服务体系。虽然目前我国公共图书馆服务体系的一期工程——基层图书馆的设备设施建设已按照国家文化部公共图书馆评估定级的要求,以农家书屋、社区文化服务点、基层文化驿站等方式,建立起覆盖省、市、县、乡、村的五级全覆盖网络,然而阅读资源的合理流动与配置、资源的有效利用、服务的标准化与均等化对图书馆服务体系的完善提出更高要求。图书馆作为提供阅读资源与知识援助的公共基础知识设施,是实现为残障人士、老年人、长期病患者、农民工等阅读困难群体提供平等阅读资源与知识服务的有效保障。为使图书馆阅读服务与阅读推广活动更为有效地普及与延伸至阅读困难群体,建立网群化的公共图书馆服务体系尤为迫切。公

---

❶ 王子舟,肖雪.弱势群体知识援助的图书馆新制度建设[M].北京:国家图书馆出版社,2010.

❷ 王政,洪伟达.图书馆为阅读困难群体群体服务研究[J].图书馆工作与研究,2014(11):92-95.

共图书馆服务体系不仅有利于协调阅读资源的合理流动与配置、实现资源的有效利用,还可以实现网群内各图书馆之间的一体化、专业化管理,而且能够延伸图书馆的服务触角、为阅读困难群体提供无所不在的图书馆服务。对此,公共图书馆服务网络体系的建设与完善一方面要从顶层设计出发,建立运行公开化、透明化的保障制度,开展针对阅读困难群体的阅读情况与知识能力调查,积极与国家重点文化工程建设相结合,联合社会各类组织机构合作共建阅读资源共享平台。调查研究阅读困难群体的阅读需求与阅读行为特点,有助于图书馆为其提供具有针对性的阅读服务,有助于图书馆开展有益于其身心健康的阅读活动;联合建设阅读资源共享平台,则能够使图书馆的阅读资源丰富起来并实现更高效的开发与利用。另一方面,要加大对基层图书馆服务站(点)的经费投入与工作人员培训力度,设计具有群体针对性的阅读推广活动,创建"无障碍"的阅读空间与活动场所,建立知识援助的长效与实施机制。知识援助不同于以往的图书馆服务,具有较高的普及性、主动性与延伸性。公共图书馆服务体系应以知识援助为主要形式服务于阅读困难群体,缩小阅读困难与其他群体之间的阅读能力差距。目前国内各种援助、救助事业与活动的开展,有助于拓宽阅读困难群体知识援助服务的思路,如慈善救助中心(帮助不幸的个人和困难群体)、少女救助中心(未成年少女意外妊娠救助)、家庭暴力救助中心、旅游游客救助中心、青少年心理问诊室、流浪儿童救助站等❶。

案例:以发展公共图书馆服务体系带动图书馆阅读困难群体服务❷

苏州图书馆于2004年开始对苏州市公共图书馆服务体系建设进行调研,2005年初形成《苏州市城区图书馆服务网络建设方案》,并上报市政府。同年10月,苏州图书馆与沧浪区政府合作建设了第一个直接委托管理的分

❶ 王子舟,肖雪.弱势群体知识援助的图书馆新制度建设[M].北京:国家图书馆出版社,2010.

❷ 刘鑫.公共图书馆总分馆服务体系下的儿童阅读品牌活动建设——以苏州图书馆为例[J].河南图书馆学刊,2013(12):116-119.

馆——沧浪少儿分馆。至2013年6月底,苏州图书馆在市政府的大力支持下,通过基层政府的委托管理和其他合作方式,现已建成1个总馆、55个分馆,2辆未成年人流动图书车以及于2013年动工2014年竣工2015年正式投入使用的苏州图书馆二期工程——存储集散中心,初步建立起一个覆盖苏州全市的公共图书馆文化服务体系。苏州图书馆作为已具有2500多年历史城市的文化窗口,她所肩负的责任更加重大,因为她要将社会阅读、亲子阅读引领走入苏州市的每个家庭。

1. 总分馆建设,延伸服务触角

《欧洲阅读宣言》提到:"阅读的先决条件是高质量的阅读环境:图书本身应该具有吸引力;一个广泛的公共图书馆网络是至关重要的;每所学校应该有自己装备精良的图书馆,并同当地的书店和公共图书馆密切合作"。遍布苏州城乡的公共图书馆服务体系的构建,正是充分发挥图书馆的社会教育功能,为普遍均等的图书馆服务和全民阅读创造了条件。苏州图书馆已建成的55个分馆之间实行统一管理、通借通还。苏州图书馆的分馆建设,给社区居民带来便利的阅读条件,及时满足民众的阅读需求。同时,每个分馆都不定期地举办各种未成年人阅读活动,通过便利的图书馆服务,引导未成年人认识图书馆、利用图书馆,并引导他们逐渐养成热爱阅读的好习惯。

2. 图书馆二期工程,打造便捷文化圈。按照文化部、财政部颁布的《国家公共文化服务体系示范区(项目)创建标准(东部)》及文化部、住建部和发改委编制颁布的《公共图书馆建设标准》的有关要求,苏州图书馆将在苏州城北的居民聚集区建立苏州图书馆二期工程。现已选取相城区高铁新城地块(地铁2号线的必经之地),欲建设集文献采编、保存、调配、周转以及全市公共文化数据中心、数字图书馆、图书普借服务等功能于一体的苏州图书馆存储集散中心,满足苏州城北地区居民对于公共图书馆服务的需求。苏州图书馆二期工程也将建立独立的少儿阅览室,面积达750平方米,苏州城北的社区居民可以享受与苏州市区同等的公共文化服务,在家门口就可使用图书馆,阅读馆内各类文献资源,参加各种读书活动。

3. 总分馆协同发展,统筹馆藏资源。在公共图书馆服务体系下的总分馆建设,不仅可以使资源有效利用率达到最优化,而且在节省信息资源的同时达到更好的效果。苏州图书馆的每个分馆都是由苏州图书馆和合作伙伴双方共同选址建设,选建分馆的首要条件就是普遍性、均等性、公益性和惠民性。鉴于此,苏州图书馆在建设分馆时由合作方确定社区居民结构,苏州图书馆按照每个分馆不同的读者特点和阅读需求选配不同书籍,以实用性、普世性来贴近社区居民的社会文化生活。每个分馆都设有独立的成人阅览区、少儿阅览区、电子阅览区和报刊阅览区,按照接待读者对象的不同特点来满足不同读者的阅读需求。比如:2010年9月开放的沧浪区分馆,地处古城区边缘,周边社区以现代化建设风格为主,所居住的均以创业的年轻家庭居多。年轻家长有着比较新的教育观念,非常重视孩子阅读习惯的培养,所以苏州图书馆在选配图书时,会给区馆配以更多的儿童读物。

公共图书馆总分馆体系,促进儿童阅读向多元化发展苏州图书馆的阅读推广活动是一项常规工作,贯穿于全年的读书活动中"每年从大年初一的'新年新书缘,相约图书馆'迎接新年第一批读者开始直至年底,全年的读书活动从不间断"苏州图书馆的少儿活动堪称丰富多彩,如:"故事姐姐讲故事"、"红领巾"读书征文、"新年读书表演会"、阅读大王评比、童话剧、课本剧表演比赛等。值得一提的是,苏州图书馆未成人流动图书大篷车,解决了部分地区未成年人"借阅难"的问题,使更多的未成年人享受到公共文化服务成果,促进未成人全面发展。大篷车依托苏州图书馆的各项馆藏资源,深入城乡社区偏远学校,为未成年人送书上门,定点定期开展阅读循环服务。目前,全市已有30多个流动图书车固定服务点,为那里的未成年人送去精神食粮。

二、倡导数字阅读方式

第十五次全国国民阅读调查结果显示,2017 年我国数字化阅读方式(网络在线阅读、手机阅读、电子阅读器阅读、Pad 阅读等)的接触率为 73.0%,较 2016 年的 68.2% 上升了 4.8 个百分点;数字化阅读方式越来越普及,人们接触数字化媒介的时间在延长,2017 年我国成年国民人均每天手机接触时长为 80.43 分钟,人均每天互联网接触时长为 60.70 分钟,人均每天微信阅读时长为 27.02 分钟,人均每天电子阅读器阅读时长为 8.12 分钟,比 2016 年增加了 2.61 分钟;数字阅读的终端主要分三大类:手机、平板和电子阅读器。手机因和互联网实时连接且屏幕小,便于进行信息浏览和碎片化阅读,电子书阅读器则能够实现专业的阅读和系统化知识学习;平板端则既有娱乐功能,又有阅读功能,有人用它来读书,也有人用它看视频来放松和娱乐[1]。上述数据表明,数字阅读方式已悄然走进人们的生活。数字阅读时代,随着人类生活方式与思维方式的改变,对于数字阅读的需求日益增加,凭借新媒介技术的创新应用和网络平台的互动传播,数字阅读推动的空间无障碍性、时间无限制性、利用无障碍性等特点深受阅读困难群体的喜爱。一方面,数字阅读能够为阅读困难群体提供更为多样的阅读方式,改变了以往"看读"的阅读方式,将"听读""体验"等其他感官的阅读方式引入阅读困难群体生活,帮助残障人士、老年人、阅读障碍症群体等阅读能力欠缺的人开辟了新的阅读空间。图书馆通过为视障读者提供音频资料、为聋哑读者提供无声电影、为未成年人提供游戏阅读体验空间等形式,以数字阅读打破传统阅读方式的限制。另一方面,数字阅读为阅读困难群体挖掘广泛多元的阅读内容。数字资源是数字阅读的核心内容。图书馆通过计算机技术、通信技术和多媒体技术将海量数字资源(包括数据库、电子图书、音视频资源等)提供至阅读困难群体的服务终端,以数字形式发

---

[1] 第十五次全国国民阅读调查结果公布[EB/OL].[2018-04-30].http://media.people.com.cn/n1/2018/0424/c14677-29944888.html.

布、存取阅读资源并提供有效利用,拓展了阅读资源的获取范围,加深了阅读资源的利用程度,加快了阅读资源的传播速度。可见,数字阅读方式应是图书馆极力倡导的新型阅读环境与阅读内容。

新媒体环境下,图书馆应如何将数字阅读应用于阅读困难群体服务呢? 第一,将传统的信息资源管理优势应用于数字阅读资源的整合与共享领域,及时开发、更新适合于阅读困难群体获取与利用的数字资源,确保每个阅读困难群体有内容可读。第二,创新数字阅读技术应用,提升阅读困难群体的图书馆服务质量。例如,借助云平台解决数字资源存储瓶颈,实现数字资源的海量存储与共享;通过 VPN 专网形式,解决阅读困难群体的获取途径,将阅读资源无障碍地推送至阅读困难群体的移动终端;利用公共文化一体机等,实现阅读资源的个性化定制;利用互联网络与传播技术,组织网上展览、网上讲坛等多种读者阅读推广活动。可以说,数字环境下的阅读服务与阅读活动大有可为,基于数字阅读方式的阅读困难群体服务创新空间无限。

三、共建联盟发展模式

通过对阅读困难群体的调查研究可知,阅读困难群体的群体数量较多、分布较为分散,较难聚集并组织相应的活动。为了充分保障阅读困难群体的阅读权利,使图书馆阅读服务延伸至阅读困难群体的身边,图书馆应广泛联合社会力量,使其参与阅读资源与服务提供以及阅读活动的组织实施。与学校、机关、媒体、民间组织联合、共建阅读联盟的模式,有助于提升阅读人才联合培养能力,有助于打造阅读研究的学术交流平台,有助于实现阅读资源的合理流动与共享,有助于保障阅读困难群体活动的组织与实施。国际上致力于全民阅读推广的组织当属国际阅读学会(International Reading Association,IRA),IRA 创始于 1956 年,是世界性的专业非营利阅读组织,由教师、阅读专家、顾问、行政人员、大专老师、研究员、心理学家、图书馆员、媒体专家、学生及家长所组成,至今成员将近 10 万人,遍布全球 99

个国家,设有1250个分会❶。其成立目的在提供阅读资源与服务,借由研究阅读过程及教学方法,提升全民阅读品质,并鼓励终身阅读。国际阅读学会每年定期举办年会,每两年举行世界大会(World Congress)并有区域性年会,以提供会员、出版商、论文发表人及参与者学术意见交流的机会。国际阅读学会每年出版约20册新书及录影带,现有100多本与阅读相关专书,亦有五份专业期刊,即 *The Reading Teacher*、*Journal of Adolescent & Adult Literacy*、*Reading Research Quarterly*、*Lectura y vida*、*Reading Online*。国际阅读学会为阅读界提供学术交流机会,教师及研究员经由期刊、书籍、电子媒体及研讨会等方式交换意见。决策人员、教育专家及家长可以积极参与阅读研究以提升阅读品质。国际阅读学会的宗旨是借由研究阅读过程及教学方法提升全民阅读品质,并鼓励终身阅读❷。中国台湾阅读协会带动了台湾民间团体读书会的蓬勃发展,旨在引领有关阅读的学术研究、推广阅读活动成果与经验,通过知识传递、意见交流、推广活动、国际交流等方式,倡导阅读之重要性,以全面营造阅读风气,并提升公众阅读素养❸。

近年来,随着各地阅读促进条例的颁布与实施,各类型阅读联盟组织以民间组织的姿态纷纷成立,并策划实施了内容丰富、形式多样的阅读推广活动,实现了书香活动"惠及全民、走近生活"的阅读推广理念。从表6-1不难看出国内同行的几种阅读联盟建设模式。其一,由新闻出版部门倡导,联合图书馆、出版社、媒体、民间组织等多方机构的大联盟模式,如全民数字阅读联盟、深圳市阅读联合会等;其二,由公共图书馆牵头,联合本地区基层图书馆、高校图书馆、政府职能部门的小区域联盟模式,如吉林省全民阅读协会等;其三,由知名企业或媒体发起,形成的行业联盟模式,如全

---

❶ 百度百科.国际阅读学会[EB/OL].[2015-07-01].http://baike.baidu.com/link?url=Jw2tQVpNyeaP_czEiI6WoWCOpY9R RzWQpKoXT0255lKF0Y0Ci9ZpEnY78yIkMTUTyxrYoBg5eQw8wfx9tg5w1K.

❷ 百度百科.国际阅读学会[EB/OL].[2015-07-01].http://baike.baidu.com/link?url=Jw2tQVpNyeaP_czEiI6WoWCOpY9R RzWQpKoXT0255lKF0Y0Ci9ZpEnY78yIkMTUTyxrYoBg5eQw8wfx9tg5w1K.

❸ 百度百科.台湾阅读协会[EB/OL].[2015-07-01].http://baike.baidu.com/link?url=7GZ6zW3eRb6VUxqQewX3YsCkk MwAS9RBVhI1k9tyWvaPOcigA9pPEL_zgWIcde93if5ETqNpBSQdrx9z3dxt2K.

国全民阅读媒体联盟、上海阅读文化推广新媒体联盟等;其四,由民间阅读组织发起,服务于本地区或某微信网络平台的微联盟模式,如亲子阅读推广新媒体联盟、湖南阅读联盟等。尽管各地区、各类型阅读联盟的建设方式各具特色、不尽相同,但其建立初衷、发展动向、活动设计均围绕阅读活动而组织开展起来,促进了全民阅读的推广和图书馆阅读困难群体服务的整体发展。

表6-1　国内主要阅读联盟组织建设情况

序号	阅读联盟组织	成立日期	成员	主要活动
1	吉林省全民阅读协会 http://www.shuxiangjl.com/	2013年9月24日	吉林市、四平市、松原市、延边朝鲜族自治州、白山市、辽源市东丰县、白山市抚松县、长春市朝阳区和九台区等地相继注册成立了全民阅读协会,中国人民政治协商会议吉林省委员会、吉林省残疾人联合会、吉林省人力资源和社会保障厅、吉林工商学院、长春汽车经济开发区、天景食品公司、吉林科技投资基金公司等相继成立分会,长春市、白城市、白山市、辽源市、通化市、梅河口市、榆树市等地开始筹建地方全民阅读协会,吉电股份公司、吉林省农业委员会、吉林省审计厅、吉林省水利厅、吉林省文化厅、欧亚集团等正在筹建分会	创办了《天下书香》杂志和"天下书香读书会";谋划了"吉林省全民阅读宣传周"和"吉林省全民阅读月"

序号	阅读联盟组织	成立日期	成员	主要活动
2	安徽省公共图书馆阅读推广联盟 http://lm.ahlib.com/ahlibs/index.html	2014年6月18日	全省107家公共图书馆	组织专家进行联盟年度"十佳图书馆"评审;举办安徽省公共图书馆阅读推广联盟成员馆馆长培训班
3	上海阅读文化推广新媒体联盟	2015年4月10日	上海发布、乐游上海、上海黄浦、上海静安,上海人民出版社、上海文艺出版社,魔法童书会等27家机构或自媒体公众账号	汇聚所有做书人、读书人、爱书人的智慧和力量,用阅读充实上海微生活,借新媒体传递书香
4	亲子阅读推广新媒体联盟	2014年11月21日	国内13家关注亲子阅读的知名新媒体和自媒体,包括:魔法童书会、工程师爸爸、童年制造、袋鼠跳跳、腾讯儿童、百度上海频道、小荷的下午茶、信谊图画书、外滩教育、宝贝惠读书、童书出版妈妈三川玲、蒲蒲兰绘本馆和上海手机报	借助新媒体的技术、渠道、平台、内容以及传播方式,推广阅读
5	全民数字阅读联盟	2015年1月16日	中国新闻出版研究院国民阅读促进研究中心、中国期刊协会、北京出版发行协会、中国联通沃阅读基地、中央电视台读书栏目、首都图书馆、龙源数字传媒集团等300多家成员	举办研讨会和交流会、发布全民数字阅读的城市排行榜;举办"全民数字阅读人文大讲堂"系列活动

序号	阅读联盟组织	成立日期	成员	主要活动
6	湖南阅读联盟	2014年9月28日	株洲优可亲子阅读中心、长沙宝贝书屋绘本馆、长沙迪克兔绘本馆、长沙森林城堡英文馆、长沙阅乐书苑英文馆	绘本阅读推广联盟聚会
7	北京大学生阅读联盟 http://edu.qq.com/a/20150526/028734.htm	2015年5月23日	清华大学国学社、中国人民大学乡村中国读书会、北京师范大学南山诗社、北京航空航天大学复兴学社、中央民族大学十月文学社、国际关系学院先河文学社、外交学院知行学会等133个高校阅读类社团	"书香宿舍"校园评选、高校领读者训练营、北京高校阅读社团生存调查、北京高校阅读现状调查、城市青年阅读峰会等
8	全国全民阅读媒体联盟	2013年4月11日	由人民日报、光明日报、经济日报、工人日报、长江日报以及搜狐网、腾讯网等78家媒体共同发起,200家媒体共同参与,秘书处设在中国新闻出版报社	共同发布"武汉宣言"
9	深圳市阅读联合会 http://www.szreading.org/	2012年11月1日	涵盖了学校、公共图书馆、机关企事业单位、民间读书组织及宣传媒体、出版、印刷、发行、网络阅读等行业;有报业、广电、出版发行等市属三大集团,也有三叶草、小书房、后院读书会等知名民间阅读组织,有深圳新闻网、中国移动深圳分公司、腾讯读书频道等一批新媒体阅读单位,发展会员87家	开展"全民阅读典范城市推广计划";阅读推广人培训;形成深圳阅读指数研究结果报告;组织亲子阅读活动

序号	阅读联盟组织	成立日期	成员	主要活动
10	湖北省全民阅读媒体联盟	2015年1月13日	湖北日报、湖北广播电视台等66家单位	推介优质阅读内容,引领阅读风尚;发掘阅读先进典型,传递阅读经验;促进阅读健康发展,加强舆论监督;营造浓厚阅读氛围,开展阅读活动
11	重庆全民阅读媒体联盟	2016年5月23日	33家媒体单位	以"聚合媒体力量,倡导全民阅读,建设书香重庆,共享书香生活"为服务宗旨,通过统筹、协调、督促各成员单位,开展全民阅读宣传工作
12	全民阅读联盟	2017年4月27日	海信集团、美的集团等全国116家知名企业负责人、21家知名媒体	启动"书香中国万里行"活动,动员社会力量参与基层综合性文化服务中心建设和壹知书屋建设,完善基层公共文化体系建设,为基层群众提供舒适、便捷的阅读服务,深入开展全民阅读,促进书香社会建设

序号	阅读联盟组织	成立日期	成员	主要活动
13	广州阅读联盟	2017年7月11日	"爱读书会""四味书圈读书会"等24家阅读组织	扩大广州阅读联盟的影响力和覆盖范围；有4个阅读组织是面向特殊群体；专注青少年阅读及亲子阅读

第七章　结　语

　　阅读困难群体由于长期处于知识匮乏、技能缺失的状态,阅读资源获取数量、质量、渠道及利用知识、处理信息能力较为薄弱,处于社会边缘地位,受教育权利、文化权利、民主权利等无法实现。长此以往,阅读困难群体普遍面临社会竞争能力低下、公共话语权微弱、社会活动参与程度低、精神生活匮乏、经济状况较差、被社会主流文化排斥等问题。公共图书馆作为国家和政府为保障公民自由、平等地获取信息和知识而进行的一种制度安排,对保障阅读困难群体的基本阅读权利具有极为重要的现实意义。

　　本书以知识自由、信息公平、社会包容等重要理论为基础,彰显社会主义核心价值与图书馆职业使命,既是建设和谐、平等的信息社会的必然要求,也是图书馆核心理念和职业立场的集中体现。对不同类型阅读困难群体进行具有针对性、差别性、高效性和可操作性的图书馆服务模式设计,体现图书馆作为公共文化服务的人文关怀,有助于推进图书馆阅读困难群体服务的科学化、规范化改进与可持续发展。通过实证研究,对于数据进行多维度分析与横向比较,全面反映了阅读困难群体的阅读需求、阅读资源获取方式、阅读行为特点及对图书馆的认知与评价等情况,能够为后续相关研究提供扎实的数据基础。从宏观层面对阅读困难群体制度保障机制进行设计,从实践层面对图书馆为阅读困难群体服务的策略加以探讨,有助于图书馆阅读困难群体服务的整体规划与全面细节改进,推动现代公共文化服务体系的均等化实现,为图书馆等社会阅读机构完善阅读困难群体服务提供了更为科学、灵活、多元、新颖、富有启迪性和针对性的实践指南。

　　然而,由于本书涉及的研究范围较广、内容较多,相关内容还不够深入、系统和完善,存在诸多不足之处。其一,研究视角存在局限,研究内容有待扩展与深入。对于阅读认知障碍症群体的研究停留于理论层面。由于阅读困难群体问题涉及图书馆学、心理学、教育学、社会学、医学等多个研究领域,目前的图书馆学领域的视角(虽含有部分教育学视角)的论证难免存在偏颇之处,缺少心理学、医学、社会学等视角的研究,研究深度和广度仍需加强。阅读障碍症群体较难从外表认定界定,群体数量少且较为分散,目前尚缺少对阅读障碍症群体深入的调查与实证研究。其二,本书提出了图书馆为阅读困难群体服务的改进策略与模式,但在实践中是否符合现实情况、是否具有普遍性和可操作性、实施效果如何等仍有待实践的检验。上述问题都需要笔者及学术界在今后的研究中加以关注和完善。

本书在研究与创作过程中,得益于国家社科基金项目"图书馆为阅读困难群体服务研究"的资助,以及课题组成员的全体协助与支撑。在此,特别感谢黑龙江大学信息管理学院蒋永福教授在研究过程中给予的学术研究指导和答疑解惑;感谢黑龙江省图书馆原副馆长毕洪秋女士并在研究进行到最艰难时期给予积极的鼓励和科研假期;感谢知识产权出版社的许波师姐,一直对本书的出版给予信任并付出努力;最后,要感谢我们的父母、孩子,家庭的安稳与内心的安定对于我才是莫大的支持!

参考文献

[1][美]阿尔文·托夫勒,著.黄明坚,译.第三次浪潮[M].北京:中信出版社,2006:39.

[2]Cutrona.C.E,Russel,L D.Type of Social Support and Specific Stress:Toward a Theory of Optimal Matching[C].New York:Wiley,1990.

[3][美]斯诺,布恩斯,格里芬著.胡美华,潘浩,张凤,译.预防阅读困难:早期阅读教育策略[M].南京:南京师范大学出版社,2006.

[4]王政,洪伟达.图书馆为阅读困难群体群体服务研究[J].图书馆工作与研究,2014(11):92-95.

[5][加]J.P.Das著.张厚粲,徐建平,孟祥芝,译.阅读障碍与阅读困难[M].北京:人民邮电出版社,2007.

[6]Catherine E.Snow,M.Susan Burns,Peg Griffin.Preventing Reading Difficulties in Young Children[M].Washington,DC:National Academy Press,1998.

[7]Margarell O.Shepherd,et al.Developmental Reading Disorder[R].Comprehensive Textbook of Psychiatry,1987.

[8]Siegel Linda S.Phonological Processing Deficits as the Basis of a Reading Disability[J].Developmental Review,1993(9):246-257.

[9]Moores E,Cassim R,Talcott J B.Adults with Dyslexia Exhibit Large Effects of Crowding,Increased Dependence on Cues,and Detrimental Effects of Distractoys in Visual Search Tasks[J].Neuropsychologia,2011,49:3881-3890.

[10]王波.阅读疗法[M].北京:海洋出版社,2007.

[11]Birgitta Irvall,Gyda Skat Nielsen.Access to Libraries for Persons with Dis-

abilities[R].IFLA Professional Reports,2005.

[12]Nancy H Dewald.Web-Based Library Instruction:What is Good Pedagogy? [J].Information Techenology and Libraries,1999(3):26-31.

[13]NLS Factsheets:Talking Books and Reading Disabilities[EB/OL].[2013-06-13].http://www.loc.gov/nls/reference/factsheets/readingdisabilities.html.

[14]Reading Difficulties[EB/OL].[2013-04-13].http://www.kau.se/en/library/new-visitors/reading-difficulties.

[15]Service for Reading and Writing Difficulties[EB/OL].[2012-04-13].http://webappo.web.sh.se/p3/ext/content.nsf/aget? openagent&key=service_for_reading_and_writing_difficulties_1313141738183.

[16]王政,洪伟达.公共图书馆:社会包容还是社会排斥——穆德曼公共图书馆社会排斥项目评介[J].中国图书馆学报,2013(5):122-130.

[17]Department for Culture,Media and Sport.Libraries for All:Social Inclusion in Public Libraries[R].London:DCMS,1999.

[18]Department for Culture,Media and Sport.Comprehensive and Efficient:Standards for Modern Public Libraries:A Consultation Paper[R].London:DCMS,2000.

[19]Department for Culture,Media and Sport.Comprehensive,Efficient and Modern Public Libraries:Standards and Assessment[R].London:DCMS,2001.

[20]Briony Birdi,Kerry Wilson,Joanne Cocker.The Public Library,Exclusion and Empathy:A Literature Review[J].Library Review,2008(8):576-592.

[21]Prof Ina Fourie.Public Libraries Addressing Social Inclusion:How We May Think…[EB/OL].[2011-10-26].http://repository.up.ac.za/bitstream/handle/2263/3542/fourie_theoretical(2007).pdf? sequence=1.

[22]Vibeke Kallar,Mícheál Ó hAodha.Initiatives for the Social Inclusion of "Non-Traditional" Library Users[EB/OL].[2011-10-26].http://www.ifla.org/files/assets/lsn/newsletters/61.pdf.

［23］蒋永福.社会包容：现代公共图书馆的使命［J］.中国图书馆学报,2009
（6）：4-9,55.

［24］Lipsman C K.The Disadvantaged and Library Effectiveness［R］.American Library Association,1972.

［25］王素芳.国外公共图书馆弱势群体服务研究述评［J］.中国图书馆学
报,2010（3）：95-107.

［26］White L.The Public Library in the 1980［M］.United States：Lexington Books,
1983：94.

［27］Dave Muddiman.Open to All？ The Public Library and Social Exclusion［M］.
London：Resource,2000.

［28］Proctor R,Bartle C.Low Achievers Lifelong Learners：An Investigation into
the Impact of the Public Library on Educational Disadvantage［R/OL］.LIC
Research Report117.Resources：the Council for Musuems Archives and Libraries,2002.［2013-06-24］.http://www.she.fac.uk/content/1/c6/07/01/24/
CPLIS%20-%20 Low%20Achievers.pdf.

［29］Kerslake E,KinnellM.The Social Impact of Public Libraries：A Literature Review［R］.BLRIC Report,the Community Services Group of the Library Association,1997.

［30］张映.阅读心理障碍的干扰及其排除浅谈［J］.新课程研究,2009（7）：
83-84.

［31］宋然然.儿童汉语阅读障碍的发生机制研究［D］.武汉：华中科技大学
硕士学位论文,2006.

［32］缴润凯,路海东.国外儿童阅读困难的原因及教学干预研究述评［J］.
东北师大学报：哲学社会科学版,2003（3）：130-135.

［33］李静.幼儿阅读困难个案研究［D］.南京：南京师范大学硕士学位论文,
2003.

［34］黄丹俞.图书馆未成年人服务之阅读障碍援助［J］.图书与情报,2013

（2）：17-20.

[35]冷选英.少年儿童读者的阅读心理[J].科技情报开发与经济,2006（24）：119-120.

[36]冷选英.老年读者的阅读心理[J].科技情报开发与经济,2006（21）：89-90.

[37]冷选英,易斌,孙小青.病人（患者）的阅读心理[J].科技情报开发与经济,2006（18）：39-41.

[38]冷选英.工人读者阅读心理浅析[J].科技情报开发与经济,2007（8）：78-79.

[39]王虹.图书馆阅读的行为角度研究——基于阅读困难群体问题的思考[J].图书情报知识,2014（1）：83-89.

[40]王瑛琦.农村阅读困难群体的阅读需求与图书馆阅读关怀策略研究——国外研究扫描[J].国家图书馆学刊,2013（6）：80-87.

[41]岳景艳.农村阅读困难群体与图书馆关怀对策[J].图书馆,2014（5）：84-86.

[42]袁嘉芮.儿童心理学与公共图书馆少儿活动策划——以重庆图书馆阅读推广活动为例[J].图书馆研究,2013（4）：73-76.

[43]关于中学生阅读治疗的试验研究[EB/OL].[2014-10-26].http://www.edu11.net/space.php? uid=6&do=blog&id=21245.

[44]王波.图书疗法在中国[J].中国图书馆学报,1998（2）：79-86.

[45]王波,傅新.阅读疗法原理[J].图书馆,2003（3）：1-12.

[46]王波.阅读疗法的类型[J].大学图书馆学报,2004（6）：47-53.

[47]宫梅玲.阅读疗法在高校中的实践探索[J].图书馆杂志,2010（10）：33-36.

[48]赵丰丰.对"阅读疗法"的调查及建议[J].大学图书馆学报,2000（1）：38-39.

[49]张为江.图书馆阅读疗法与大学生心理健康教育研究[J].河南图书馆

学刊,2013(10):78-80.

[50]严莉,彭琰.不同图书馆开展阅读疗法的对比分析[J].中华医学图书情报杂志,2014(1):45-47.

[51]王晓美.公共图书馆阅读疗法应用研究[D].郑州:郑州大学硕士学位论文,2012.

[52]陆思霖,陈雅.民办高校图书馆阅读疗法推广模式研究[J].图书馆建设,2014(11):46-49.

[53]张春春.基于图书馆信息生态系统的阅读困难群体服务路径研究[J].图书馆,2014(5):81-83.

[54]王萍.公共图书馆老年读者阅读心理探微[J].农业图书情报学刊,2010(7):122-124.

[55]丁文祎.中国少儿阅读现状及公共图书馆少儿阅读推广策略研究[J].图书与情报,2011(2):16-21,56.

[56]朱莺.图书馆残疾人阅读推广模式研究[J].图书馆研究,2014(4):54-56.

[57]王琳.英美国家婴幼儿阅读推广项目研究及启示——基于拉斯韦尔5W传播模式[J].图书情报工作,2013(6):85-90.

[58]徐捷.关于少儿图书馆0-6岁婴幼儿阅读推广工作的思考[J].图书馆建设,2011(3):90-91,95.

[59]姚杰.公共图书馆保障弱势群体阅读权利的策略[J].图书馆学刊,2011(5):75-76.

[60]井荣娟,胡石.图书馆与阅读权利研究[J].新世纪图书馆学刊,2011(9):36-38.

[61]张建中.试论保障阅读权利与公共图书馆服务[J].贵图学刊,2012(2):61-62.

[62]范并思.图书馆学与阅读研究[J].图书与情报,2010(2):1-4.

[63]范并思.阅读推广与图书馆学:基础理论问题分析[J].中国图书馆学

报,2014(5):4-13.

[64]吴晞.任务、使命与方向:图书馆的阅读推广工作[J].图书馆杂志,
    2014(4):18-22.

[65]吴晞.大阅读时代和图书馆阅读推广——在湖南省普通高校图书馆
    2013年馆长年会上的报告[J].高校图书馆工作,2014(2):79-84.

[66]王素芳.国际图书馆界儿童阅读推广活动评估研究综述[J].图书情报
    知识,2014(3):53-66.

[67]许晔.公共图书馆数字阅读推广模式研究[J].图书馆研究,2014(2):
    72-74.

[68]王天泥.大数据技术在图书馆阅读推广中的应用——以"3A5步"法为
    例[J].科技资讯,2014(19):254-256.

[69]高灵溪.基于社会化媒体图书馆阅读推广研究[D].长春:东北师范大
    学硕士学位论文,2013.

[70]叶爱芳.基于手机阅读的图书馆阅读推广——图书馆扩展服务的新模
    式[J].图书馆研究与工作,2011(2):63-65.

[71]滕云霞.基于读者数据的公共图书馆馆藏优化与阅读推广实证研究
    [J].图书馆,2014(3):80-82.

[72]郎杰斌,吴蜀红.美国国会图书馆阅读推广活动考察分析[J].图书与
    情报,2011(5):40-45.

[73]李芙蓉,李常庆.美日公共图书馆动漫阅读推广活动探析[J].中国图
    书馆学报,2014(6):33-42.

[74]闫伟东.欧美图书馆多元化阅读推广模式及其启示[J].图书情报工
    作,2013(12):82-87.

[75]周樱格.日本图书馆少儿阅读推广的策略研究与启迪[J].图书馆杂
    志,2012(9):108-110.

[76]王达.德国图书馆及其阅读推广[J].情报资料工作,2014(4):96-99.

[77]康媛媛,胡曦玮,陆和建.公共图书馆城市阅读推广模式研究——以香

港公共图书馆为鉴[J].图书馆学研究,2013(10):65-67,93.

[78]肖永英,陈永娴.阅读推广计划——深圳市社区图书馆的发展机遇[J].图书情报工作,2006(8):102-105,86.

[79]赵曼娟,朱紫阳.living library与图书馆阅读推广服务创新[J].图书馆工作与研究,2013(12):113-115.

[80]周铭蓉.大众阅读推广与阅读馆员服务——公共图书馆阅读服务体系创新[J].重庆图情研究,2014(1):48-51.

[81]季燕菊.公共图书馆绘本阅读推广思考[J].图书馆研究,2013(3):66-69.

[82]朱永新.全民阅读应成为国家战略[EB/OL].[2015-02-25].http://epaper.gmw.cn/gmrb/html/2013-04/21/nw.D110000gmrb_20130421_1-09.htm? div=-1.

[83]吴娜.全民阅读在中国[EB/OL].[2015-02-25].http://www.qstheory.cn/culture/2015-01/06/c_1113888306.htm.

[84]朱永新.改变,从阅读开始[N].人民日报,2012-01-06.

[85]新华网.习近平接受俄罗斯电视台专访[EB/OL].[2014-02-10].http://news.xinhuanet.com/world/2014-02/09/c_119248735.htm.

[86]中国新闻出版研究院:2016年第十四次全国国民阅读调查报告[EB/OL].[2017-12-27].http://book.sina.com.cn/news/whxw/2017-04-18/doc-if-yeimqy2574493.shtml.

[87]郑章飞.图书馆阅读推广理论与实践研究述略[J].图书馆论坛,2010(6):47-51.

[88]范并思.阅读推广的理论自觉[J].国家图书馆学刊,2014(6):3-8.

[89]叶起昌.国外阅读研究述评[J].福建外语,1995(1-2):23-33.

[90]段蕙芬,蒋子诚.现代阅读心理研究的理论与模式[J].上海教育科研,1998(8):41-43.

[91]王余光.关于阅读史研究的几个问题[J].图书情报知识,2001(3):

7-11.

[92]王余光,徐雁.中国读书大辞典[M].南京:南京大学出版社,1999:350.

[93]王余光.阅读的个性、文化性与社会性[J].高校图书馆工作,2009(1):1-2.

[94]刘兵.公共图书馆少儿读者阅读需求规律研究[J].当代图书馆,2005(12):23-26.

[95]邱维民.试论读者阅读需求的特性[J].图书馆,1992(3):61-62.

[96]第十四次全国国民阅读调查报告出炉:2016年人均阅读7.86[EB/OL].[2017-12-25].http://book.sina.com.cn/news/whxw/2017-04-18/doc-ifyeimqy2574493.shtml.

[97]于良芝.图书馆学导论[M].北京:科学出版社,2003:138.

[98]全方位解读"第十四次全国国民阅读调查报告"[EB/OL].[2017-12-25].http://www.sohu.com/a/134750121_178249.

[99]黄葵,俞君立.阅读学基础[M].武汉:武汉大学出版社,1996:92.

[100]刘泳洁,盛小平,陈晨,等.国内阅读文化研究综述[J].情报理论与实践,2012(12):121-125.

[101]杨素珍.国外阅读理论研究概述[J].淮阴师专学报,1995(4):37-39.

[102]王余光,汪琴.关于阅读文化研究的几个问题[J].图书情报知识,2004(5):3-7.

[103]王静美,朱明德.中俄公民阅读文化比较[J].图书馆理论与实践,2005(3):42-44.

[104]王波.阅读疗法概念辨析[J].图书情报知识,2005(1):99-102.

[105]于良芝,于斌斌.图书馆阅读推广——循证图书馆学(EBL)的典型领域[J].国家图书馆学刊,2014(6):9-16.

[106]范并思.阅读推广与图书馆学:基础理论问题分析[J].中国图书馆学报,2014(5):4-13.

[107]范凡.芝加哥学派的阅读研究[J].高校图书馆工作,2007(2):18-22.

［108］王余光.让阅读成为我们生活的一部分［J］.中国图书馆学报,2006
　　　（5）:17-19.

［109］汪少林等.书的知识手册［M］.南昌:百花洲文艺出版社,1990:236.

［110］张春春.公民阅读权利的概念演变、协同与发展［J］.图书馆,2016(8).

［111］蒋永福.文化权利、公共文化服务体系与公共图书馆事业［J］.国家图
　　　书馆学刊,2007(4):16-20.

［112］范并思.论图书馆人的权利意识［J］.图书馆建设,2005(2):1-5.

［113］蒋永福,李京.信息公平与公共图书馆制度［J］.国家图书馆学刊,2006
　　　（2）:50-54.

［114］程焕文,周旭毓.权利与道德——关于公共图书馆精神的阐释［J］.图
　　　书馆建设,2005(4):1-4,42.

［115］李国新.图书馆权利的定位、实现与维护［J］.图书馆建设,2005(1):
　　　1-5.

［116］程亚男.读者权利:图书馆服务中一个不容忽视的问题［J］.图书馆论
　　　坛,2004(6):226-229.

［117］赵兰玉.法治视角下读者受教育权的维护［J］.晋图学刊,2008(4):
　　　14-15,21.

［118］康德.法的形而上学原理［M］.北京:商务印书馆,1991:39.

［119］Joel Feinberg.The Nature and Values of Rights［J］.Journal of Value Inquiry,
　　　1970(4):243-244.

［120］马克思,恩格斯.马克思恩格斯全集:第1卷［M］.北京:人民出版社,
　　　1956:179.

［121］黑格尔.法哲学原理［M］.北京:商务印书馆,1961:10.

［122］关于开展 2015 年全民阅读工作的通知［EB/OL］.［2015-07-03］.http://
　　　www.gapp.gov.cn/news/1663/245444.shtml.

［123］中国出版网.2015 年全民阅读调查报告［EB/OL］.［2015-07-03］.http://
　　　www.chuban.cc/yw/201504/ t20150420_ 165698.html.

［124］上海图书馆.让阅读成为我们生活的一部分［EB/OL］.［2015-07-03］. http://www.libnet.sh.cn/yjdd/list.asp？id=3864.

［125］罗岚.中学生英文阅读障碍成因的分析［D］.南昌:江西师范大学硕士学位论文,2006.

［126］Björklund M.Dyslexic Students:Success Factors for Support in a Learning Environment［J］.The Journal of Academic Librarianship,2011,37（5）: 423-424.

［127］失读症阅读困难［EB/OL］.［2015-07-24］.http://www.docin.com/p-361266220.html&key=％E5%A4%　B1%　E8%AF%　BB%　E6%80%8E% E4%B9%88%E6%B2%BB.

［128］What Is Dyslexia?［EB/OL］.［2014-03-24］.http://www.interdys.org/ FAQWhatls.htm.

［129］李静.幼儿阅读困难个案研究［D］.南京:南京师范大学硕士学位论文,2003.

［130］赵微.汉语阅读困难学生语音意识与视觉空间认知的实验研究［D］. 上海:华东师范大学硕士学位论文,2004.

［131］Lyon G R.Toward a Definition of Dyslexia［J］.Ann Dyslexia,1995,45: 3-27.

［132］Gyda Skal Nielsen,Birgiua Irvall.Guidelines for Library Services of Persons with Dyslexia［R］.IFLA Professional Reports,2001.

［133］邹艳春.汉语学生发展性阅读障碍的信息加工特点研究［D］.广州:华南师范大学博士学位论文,2003.

［134］陈万会.中国学习者二语词汇习得认知心理研究［D］.上海:华东师范大学硕士学位论文,2006.

［135］王蓉,苏丽平,田花蔓,束漫.我国公共图书馆"读写障碍症"服务的调查与对策分析［J］.图书情报工作,2014（12）:64-70.

［136］李昊青.面向阅读困难群体的图书馆阅读资源配置机制研究——基

于信息公平视角[J].图书馆建设,2015(8):49-54.

[137][印]阿玛蒂亚·森.以自由看待发展[M].任赜,于真,译.北京:中国人民大学出版社,2002:1-3.

[138]岳景艳.农村阅读困难群体与图书馆关怀对策[J].图书馆,2014(5):84-86.

[139] What Is Dyslexia[EB / OL].[2014-01-09]. http://www. interdys. org / FAQWhatIs.htm.

[140]European Dyslexia Association.Incidence and Emotional Effects[EB/OL].[2014-03-24].http://www.edainfo.eu/en/dyslexia- incidence-and-emotional-effects.html.

[141]陈丹.西方阅读障碍儿童干预研究的进展及其启示[D].长春:东北师范大学硕士学位论文,2007.

[142]Michael D C,Richard P Z,Maureen F R.Beginning Reading Instruction for Students at Risk for Reading Disabilities:What,How,and When[J].Intervention in School and Clinic,2006,41(3):161-168.

[143]中华人民共和国中央人民政府网.中国人民共和国残疾人保障法[EB/OL].[2015-01-31].http://www.gov.cn/jrzg/2008-04/24/content_953439.htm.

[144]蔺梦华.公共图书馆残疾人服务研究综述[J].图书馆建设,2007(2):69-71.

[145]新华社.中国发布第二次全国残疾人抽样调查主要数据公报[EB/OL].[2014-05-21].http://www.gov.cn/jrzg/2007-05/28/content_628517.htm.

[146]2010年末全国残疾人总数及各类、不同残疾等级人数[EB/OL][2014-05-21].http://www.cdpf.org.cn/sytj/content/2014-09/28/content_30399867.htm.

[147]国家统计局.2015年老年人口最新的统计数据[EB/OL].[2015-10-

11].http://tieba.baidu.com/p/3569039600.

[148]"十三五"老龄事业发展规划[EB/OL].[2015-10-11].http://www.docin.com/p-1115243389.html.

[149]Qualls C D, Harris J L.Age, Working Memory, Figurative Language Type, and Reading Ability: Influencing Factors in African American Adults´ Comprehension of Figurative Language [J].American Journal of Speech-Language Pathology, 2003, 12(1):92-102.

[150]Allington R L, Wolmsley S A.Functional Competence in Reading among the Urban Aged[J].Journal of Reading, 1980, 23(6):494-497.

[151]肖雪.多学科视野中的国外老年人阅读研究综述[J].中国图书馆学报, 2014(3):100-113.

[152]徐然.消基于"最近发展区"理论的公共图书馆儿童阅读服务研究[J].图书馆建设, 2015(8):68-71.

[153]张雯.敞开知识和心灵之窗[J].山东教育, 1999(10):18.

[154]儿童各阶段的阅读方式[EB/OL].[2014-07-08].http://new.060s.com/article/2011/08/17/469579.htm.

[155]李静.幼儿阅读困难个案研究[D].南京:南京师范大学硕士学位论文, 2003.

[156]隋雪, 王小东, 钱丽.发展性阅读障碍的筛选标准[J].中国特殊教育, 2007(7):51-56.

[157]Papathanasiou I,Bleser R.The Sciences of Aphasia: From Therapy to Theory[M].Oxford: Pergamon Press, 2003:17-34.

[158]Gabrieli J D.Dyslexia: A New Synergy Between Education and Cognitive Neuroscience[J].Science, 2009,325(5938):280-283.

[159]朱智贤.心理学大词典[M].北京:北京师范大学出版社, 1989:901-904.

[160][韩]南美英.会阅读的孩子更成功[M].宁莉,译.南昌:江西美术出版

社,2007.

[161]缴润凯,路海东.国外儿童阅读困难的原因及教学干预研究述评[J].
东北师大学报:哲学社会科学版,2003(3):130-135.

[162]百度百科.农民[EB/OL].[2014-07-08].http://baike.baidu.com/subview/
24915/5120438.htm.

[163]2014年末中国大陆人口超13.6亿全年出生1687万[EB/OL].[2014-
07-08].http://news.southcn.com/china/content/2015-01/20/content_
116719924.htm.

[164]王素芳.我国城市弱势群体信息获取问题初探[J].图书情报工作,
2004(1):34-36.

[165]束漫,孙蓓.图书馆"阅读障碍症"群体服务的理论与实践[J].中国图
书馆学报,2014(4):92-98.

[166]井西晓.公平视角下我国信息弱势群体信息能力研究[J].科技管理研
究,2013(13):209-213.

[167]肖文建,王广宇,彭宁波.和谐社会构建中档案馆关注弱势群体研
究——基于信息能力与信息需求的思考[J].档案学研究,2009(1):
21-24.

[168]王子舟.知识贫困及其对弱势群体的影响[J].图书馆,2006(4):
10-16.

[169]王子舟.弱势群体知识援助的图书馆新制度建设[M].北京:国家图书
馆出版社,2010:17.

[170][美]罗尔斯.正义论[M].何怀宏,译.北京:中国社会科学出版社,
2001:132.

[171]王子舟,肖雪.弱势群体知识援助的图书馆新制度建设[J].图书情报
知识,2005(1):5-11,97.

[172]袁勤俭.数字鸿沟的危害性及其跨越策略[J].中国图书馆学报,2007
(4):27-31.

[173]肖雪.多学科视野中的国外老年人阅读研究综述[J].中国图书馆学报,2014(3):100-113.

[174]联合国教科文组织.公共图书馆宣言1994[EB/OL].[2014-05-15].http://baike. baidu. com / link? url=ZLg9FVZy4Q1B0W1_V-6xzr3pREn-lR7TX_B - AJ4vXUtDVjSmGtvKZSEoFFC4Rao6SAtHaOQ9Sc3s2v8CBRcveG_.

[175]IFLA.图书馆及其可持续发展的声明[EB/OL].[2013-11-26].http://www.ifla.org/publications/ statement-on-libraries- and- sustainable-devel-opment.

[176]范并思.图书馆资源公平利用[M].北京:国家图书馆出版社,2011:2.

[177]王政,洪伟达.知识自由在图书馆核心价值体系中的地位与作用[J].图书情报工作,2010(11):35-39.

[178]李国新.日本图书馆法律体系研究[M].北京:北京图书馆出版社,2000:285.

[179]2006年世界发展报告:公平与发展(全文)[EB/OL].[2014-07-02].http://www.china.com.cn/ economic/txt/2005-09/21/ content_5975712.htm.

[180]Kathleen Ayers,Yan Quan Liu.Enhancing Digital Information Access in Public Libraries[J].Proceedings of the American Society for Information Science and Technology,2006,43,(1):1-25.

[181]IFLA2006-2009年战略计划[EB/OL].[2014-07-12].http://www.chnlib.com/News/yejie/2586.html.

[182]周吉.定位于弱势群体的公共图书馆延伸服务[J].图书馆建设,2008(10):99-101,105.

[183]中国图书馆服务宣言[EB/OL].[2015-05-20].http://wenku.baidu.com/link? url=CxTQrv7xHf4CX WJ3i2a295GYgfnsZQ6DyYA8GszoHORfZHgHU FNypDkrOTLfmC7SIwc2Qp_lml9uiziylJn-KMMukDx9fA1xccw8W1CxIfK.

[184]世界人权宣言[EB/OL].[2014-08-28].http://wenku.baidu.com/link? url=

M4xXBsneP5j_Hp_yKwkd 5K–GGbUqShQLc MAyEBH8QRC1Yj3_qlvsoJJ-
LbjzJI6tKAW5M6twmTGuOfoot0–1yfAUtQ9bqBa ZdkLmAoLu5k3_.

[185] ALA.Library Bill of Rights.[EB/OL].[2014–05–28].http://www.ala.org/ala/
oif/basics/international freedom.htm.

[186] ALA.Intellectual Freedom Committee [EB/OL].[2014–02–24].http://www.
ala.org/ala/oif/ifgroups/ ifcommittee/intellectual.cfm.

[187] ALA.Office for Intellectual Freedom [EB/OL].[2014–02–24].http://www.
ala.org/template.cfm? section=oif.

[188] ALA.Freedom to Read Foundation [EB/OL].[2014–02–24].http://www.ala.
org/ala/ourassociation/ othergroups/ftrf/ freedomreadfoundation.cfm.

[189] 王明玲.知识自由在国际图书馆界的新近发展与其省思[J].大学图书
馆,2000(2):147–166.

[190] ALA.Intellectual Freedom Round Table [EB/OL].[2014–02–24].http://
www.ala.org/ala/ifrt/ifrt.cfm.

[191] 公共图书馆宣言[EB/OL].[2013–11–26].http://wenku.baidu.com/link?
url=fWSgJ4Ve99FLNdc5dokSRrIdYQLGaVKbkX–xSCChXvvslzQz2JenNgk3
IEbfISdI9lL1K5vsvzsdBKYo1q5ubFN5UNs0FFZ5kxKg1_41u5y.

[192] 蒋永福.信息自由及其限度研究[M].北京:社会科学文献出版社,
2007:55.

[193] 胡秋玲.自由获取知识与信息——《格拉斯哥宣言》、《国际图联因特
网声明》和《图书馆与可持续发展声明》发表[J].图书馆建设,2003
(2):101–102.

[194] 蒋永福.关于知识自由与图书馆[J].图书馆杂志,2003(8):9–12.

[195] 图书馆服务宣言[J].中国图书馆学报,2008(6):5.

[196] 李昊青.现代多元语境中的信息公平本体论研究[J].图书情报工作,
2011,55(4):44–47,89.

[197] 郭海明.解读《图书馆服务宣言》中的公共服务理念[J].图书馆理论

与实践,2010(2):27-29.

[198]联合国.公民权利和政治权利国际公约[EB/OL].[2015-06-28].http://www.douban.com/group/topic/ 3615545/.

[199]李昊青.图书馆哲学语境中的现代图书馆文化图式研究[J].图书馆,2011(4):8-11.

[200]吴桐.国外公共图书馆的社会包容理念与实践及其对我国的启示[J].情报资料工作,2010(3):24-27.

[201]范并思,周吉.公共图书馆与社会包容[J].图书馆理论与实践,2010(2):70-74.

[202]Dave Muddiman.Open to All? The Public Library and Social Exclusion[M].London:Resource,2000.

[203]Women,Information and Libraries Special Interest Group.About the Women,Information and Libraries Special Interest Group[EB/OL].[2013-06-28].http://www.ifla.org/about-the-women- information-and- libraries-special-interest-group.

[204]LSN.About the Library Services to People with Special Needs Section[EB/OL].[2013-06-28].http://www.ifla.org/about-lsn.

[205]Lister D.Six Councils Warned Their Libraries Are Substandard[J].The Independent,1999(2):8.

[206]UNESCO.Anatomy of an International Book Year 1972[EB/OL].[2012-06-19].http://unesdoc.unesco.org/ images/0001/000122/ 012250eo.pdf.

[207]赵俊玲,郭腊梅,杨绍志.阅读推广:理念·方法·案例[M].北京:国家图书馆出版社,2013.

[208]黄丹俞,张志美.IFLA推动图书馆阅读障碍服务:起源、进程与成效[J].图书情报工作,2013(21):76-80.

[209]王泉根.国际儿童文学澳门论剑——中国澳门2006国际儿童读物联盟IBBY第30届世界大会综述[J].湖南科技学院学报,2007(2):12-15.

［210］图书馆服务与技术法案［EB/OL］.［2008-12-11］.http://www.njstatelib.org/LDR/LSTA/#lsta.

［211］王翠萍,刘通.中美阅读推广比较研究［J］.情报资料工作,2012(5):96-101.

［212］Robert W,Sweet,Jr.The Reading Excellence Act:A Breakthrough for Reading Teacher Training［J］.The National Right to Read Foundation,1998(12).

［213］About the National Reading Panel(NRP)［EB/OL］.［2012-07-22］.http://www.nationalreadingpanel.org/ NRPAbout/about_nrp.htm.

［214］National Reading Panel［EB/OL］.［2012-07-22］.http://en.wikipedia.org/wiki/National_Reading_Panel.

［215］ASCLA Wehsite.［EB/OL］.［2005-05-24］.http://www.a1a.org/ala/ascla/ascla.htm.

［216］王素芳.关于图书馆服务弱势群体问题的研究与反思［J］.图书馆杂志,2006(5):3-9.

［217］ALA.Welcome to Teen Read Week［EB/OL］.［2014-07-27］.http://oomscholasticblog.com/2011/10/ welcome-to-teen-reads-week.html.

［218］Martha L Burns,Nancy Dowd,Terry Edwards,et al.A Manual to Help Your Library Celebrate National Reading Group Month［EB/OL］.［2011-04-12］.http://www.nationalreadinggroupmonth.org/ PDFS/NJLA-NRGM-Manual.pdf.

［219］黄潇.美国公共阅读项目"Big Read"——大阅读大回报［J］.出版参考,2013(7):45-46.

［220］田花蔓,束漫,王波.美国公共图书馆"阅读障碍症"群体服务研究［J］.图书情报工作,2014(12):40-45,25.

［221］陈精芬.欧洲国家儿童阅读活动之探讨:以芬兰、爱尔兰、英国、瑞典及奥地利为例［J］.(中国台湾)图书馆学会电子报,2007(18):1-22.

［222］Belger J,Chelin J.The Inclusive Library:An Investigation into Provision for

Students with Dyslexia within a Samplegroup of Academic Libraries in England and Wales[J].Library and Information Research,2013,37(115):7-32.

[223]王琳.英美国家婴幼儿阅读推广项目研究及启示——基于拉斯韦尔5W传播模式[J].图书情报工作,2013(6):85-90,38.

[224]宋双秀,束漫.英国高校图书馆面向阅读障碍症群体的服务及其启示[J].大学图书馆学报,2013(6):18-23.

[225]Stewart W W.The Encyclopedia of Canada[M].Toronto:University Associates of Canada,1948:76-81.

[226]张靖,李晗,林宋珠,吴燕芳,苏靖雯.加拿大多伦多公共图书馆残障用户服务研究[J].中国图书馆学报,2013(6):86-100.

[227]Toronto Public Library.Accessibility for People with Disabilities.[EB/OL].[2012-05-15].http://www.torontopubliclibrary.ca/terms-of-use/library-policies/accessibility- people-disabilities.jsp.

[228]杨素音.俄罗斯妇女阅读文化探析[J].图书馆建设,2003(5):113-115.

[229]宫丽颖.以日本为例探析如何推广国民阅读[J].中国出版,2011(1):77-79.

[230]宋双秀,束漫.英国公共图书馆"阅读障碍症"群体服务研究[J].国家图书馆学刊,2014(4):3-9,22.

[231]宗何婵瑞,束漫.基于PAPA角度探讨加拿大公共图书馆"读写困难症"群体服务[J].图书馆杂志,2015(10):20-25.

[232]王虹,邓福庆,杨红岩.农村阅读的需求贫困与"不发展"原则探析[J].图书与情报,2015(6):126-133.

[233]岳景艳.农村阅读困难群体与图书馆关怀对策.图书馆,2014(5):84-86.

[234]王虹,岳景艳,杨红岩,王长青.农村居民阅读的知与行——嫩江流域少数民族地区阅读情况调查[J].中国图书馆学报,2015(5):47-62.

［235］上海图书馆.让阅读成为我们生活的一部分［EB/OL］.［2016-07-03］. http://www.libnet.sh.cn/yjdd/list.asp？id=3864.

［236］全民阅读促进条例［EB/OL］.［2014-07-31］.http://baike.baidu.com/view/ 10828254.htm？fr=aladdin.

［237］王政，刘鑫，郭涵.品牌阅读活动推进无障碍阅读的实践与启示［J］. 图书馆建设,2015（8）:47-51,55.

［238］图书馆"嘉兴模式"的"蝴蝶效应"［EB/OL］.［2013-04-13］.http://www. cnjxol.com/jxwmw/build/town/ content/2009-12/31/content_1252485.htm.

［239］文化部.全国公共图书馆事业发展"十二五"规划［EB/OL］.［2014-12- 25］.http://59.252.212.6/ auto255/201302/t20130205.

［240］谢丹玫，汤学华，窦红，吴冬梅，麻玉琼.重点学科本科生与其他学院 学生的阅读需求的主分量比较分析［J］.现代情报,2013（11）:79-85.

［241］徐享王.基于"效率"与"公平"共生的图书馆服务能力提升战略取向 ［J］.图书情报工作,2007（7）:108-110.

［242］张贺.少儿阅读:城乡迄今不平衡［N］.人民日报,2014-05-29.

［243］深圳经济特区全民阅读促进条例（征求意见稿）［EB/OL］.［2014-07- 31］.http://szbbs.sznews.com/thread-2557468-1-1.html.

［244］深圳首为全民阅读立法期待"民声"反馈［EB/OL］.［2014-07-31］.http: //sz.people.com.cn/n/2014/0624/c202846-21495284.html.

［245］百度百科.国际阅读学会［EB/OL］.［2015-07-01］.http://baike.baidu. com/link？url=Jw2tQVpNyeaP_ czEiI6WoWCOpY9RRzWQ pKoXT0255lK F0Y0Ci9ZpEnY78yIkMTUTyxrYoBg5eQw8wfx9tg5w1K.

［246］百度百科.台湾阅读协会［EB/OL］.［2015-07-01］.http://baike.baidu. com/link？url=7GZ6zW3eRb6VUxqQewX3YsCkkMwAS9 RBVhI1k9tyWva POcigA9pPEL_zgWIcde93if5ETqNpBSQdrx9z3dxt2K